KB036725

여행은
최고의
공부다

자기만의 시간 '갭이어'로 진짜 인생을 만나다

여행은 최고의 공부다

· 안시준 **지음** ·

가나출판사

여행, 진짜 인생을
만나는 시간

나는 국내와 세계를 가리지 않고 많은 곳을 돌아다닌다. 인생에 전환
점이 필요하거나 진로를 고민하는 사람들이 잠시 멈춰 서서 자신이 진
짜 하고 싶은 일을 탐색해볼 수 있는 시간인 '갭이어(Gap year)'를 알리
고, 갭이어 관련 프로그램을 개발하기 위해 전 세계를 다니며 일하기 때
문이다. 내 직업을 얘기하면 사람들은 부럽다고 말한다. 그러나 내가 프
로그램 개발을 위해 하는 여행은 보통의 여행과는 조금 다르다. 비행기
와 버스, 기차, 배 등을 번갈아 갈아타기도 하고, 약속이 늦어지거나 취
소되면 몇 시간씩, 며칠씩 기다릴 때도 있다. 때로는 기다리다 지쳐 어
디인지도 모르는 길 위에서 잠을 자기도 한다. 심지어 남의 집 담벼락
앞에 앉아 와이파이를 훔쳐 쓰는 일도 있다.

이렇게 고생스러운 여행을 하는 이유는 단 하나다. 누군가가 갭이어

를 통해 꿈을 찾아가는 것을 돕기 위해서다. 여행지에서는 여행 프로그램을, 교육 현장에선 교육 프로그램을, 도움이 필요한 곳에서는 봉사 프로그램을, 매력적인 회사를 만나면 인턴십 프로그램을 만든다. 그리고 이 프로그램을 소개하고 필요한 이들에게 연결한다. 휴식과 영감을 얻고 싶은 이에게는 여행을, 배움과 성장을 원하는 이에게는 교육을, 감정 변화와 치유를 원하는 이에게는 봉사를, 성취와 미래를 원하는 이에게는 인턴십을 추천함으로써 삶을 스스로 변화시키는 기회를 제공하고 있다.

갭이어 문화를 만드는 일을 내 삶의 목표로 삼게 된 계기는 다름 아닌 여행이다. 스무 살에 떠난 무전여행은 내 삶을 바꾸어놓았다. 그때 내 여행 준비물은 옷, 물병, 소금, 지도 한 장이 전부였다.

나는 국내 무전여행을 다섯 번 다녀온 이후, 일본을 시작으로 더 넓은 세상을 공부하기 위해 세계 곳곳으로 나아갔다. 16개월 동안 5대륙 39개국을 여행하며 실수도 많이 하고 위험한 일도 겪었다. 강도, 납치, 교통사고, 사기, 지진, 축구 폭동 등 한 사람이 평생 한 번 겪기도 힘든 일을 연달아 겪기도 했다. 여행을 하면서 매순간 잠자리, 먹을거리를 걱정해야 했지만, 그것이 오히려 세상 사람들과 함께 부대낄 수밖에 없는 조건을 만들었다. 그렇게 사람들 속에서 직접 보고 듣고 느끼는 것이 다양한 세상을 가장 가까이에서 배울 수 있는 방법이라고 생각했다.

국내 여행이나 일본 여행을 할 때는 하루 일하고 하루 얻어먹는 게 가능했다. 그러나 미주 대륙으로 넘어간 후에는 하루 일하고 하루 얻어먹는 일이 어려워졌다. 미주 지역 사람들은 노동을 신성시했다. 일을 도울 테니 밥을 달라고 제안했다가 노동을 우습게 본다며 혼난 적도 많았다. 그래서였을까. 세계 여행 중에서 가장 기억에 남는 나라는 멕시코다. 마치 우리나라 어느 지방에 간 듯한 느낌이 들었다. 멕시코 사람들은 시골 사람들처럼 투박하고 순박하게 사람들을 대했다. 교우 관계나 대인 관계를 할 때 아무런 장벽 없이 스스럼없이 대해서 나도 모르게 긴장을 풀고 편하게 즐길 수 있었다.

1년 4개월이라는 시간을 떠돌아다니면서 많은 사람을 만나고 다양한 경험을 하는 동안 한국 사회에서 생긴 상처와 트라우마가 상당히 치유되었다. 지금은 그렇게 치유된 상처가 오히려 내 장점이 되었다. 여행을 가기 전, 내 모습이 아이스크림을 누구에게도 나눠주기 싫어서 손에 꼭 쥐고 있는 아이 같았다면 여행을 다녀온 후에는 아이스크림을 남에게 기꺼이 내어줄 수 있는 모습으로 변해 있었다.

여행은 편견 많고 고집 세고 오만하던 나를 뿌리째 바꿔놓았다. 여행을 통해 수많은 사람들을 만나면서 좀 더 유연해졌고, 너그러워졌으며, 무엇보다 자신을 있는 그대로 사랑하는 법을 배울 수 있었다. 그리고 많이 웃을 수 있었다. 소소한 웃음 하나가 얼마나 자신과 상대방을 행복하게 만드는지도 알았다. 그보다 더 중요한 것은 여행을 하면서 찾아온 이런 변화가 나도 느끼지 못하는 사이 몸에 배어들어 이제는 내 삶 자체가 되었다는 사실이다.

돌이켜보면 여행하는 동안 힘든 일보다는 행복한 경험이 훨씬 많았다. 그 시간이 나만의 갭이어였던 셈이다. 여행이라는 나만의 갭이어를 통해 나는 성장했고, 어른이 되었고, 행복해졌다. 여행에서 돌아온 후 나는 스스로를 위해, 또 세상을 위해 무엇을 할 수 있을지 고민하기 시작했다. 그리고 나를 변화시켰던 갭이어를 다른 이에게도 선물하고 싶어졌다.

누구나 자기가 하고 싶은 일을 하며 행복하게 살기를 바랄 것이다. 힘들게 공부하는 이유도 조금만 참고 견디면 원하던 미래가 있다고 믿어서다. 그러나 자신이 어떤 사람인지, 무엇을 좋아하는지, 어떤 일에 흥미를 느끼고 잘하는지 등의 개인의 특성이나 성품은 고려하지 않은 채 타인의 박수 소리에 맞춰 살아가는 한, 자신이 진정으로 원하는 걸 이루기는 어렵다.

자신이 진짜 하고 싶은 일을 찾으려면 자신만의 시간을 반드시 가져야 한다. '꿈을' 꾸는 것과 '꿈만' 꾸는 건 완전히 다르다. 꿈을 이루기 위해서는 변화가 필요하다. 몸이 자라면 새 옷으로 바꿔 입듯, 삶의 변화를 원한다면 낡은 사고방식을 버리고 새로운 틀을 만들이야 한다. 그러기 위해서는 세 가지가 필요하다. 그것은 시간, 환경, 그리고 용기다. 여러분이 삶의 변화를 꿈꾼다면 자신에게 '시간, 환경, 용기'를 선물하기 바란다.

　나는 이 세 가지를 선물할 수 있는 가장 좋은 방법이 여행이라고 생각한다. 물론 나처럼 꼭 무전여행을 할 필요까지는 없다. 자신에게 맞는 방식의 여행이 무엇인지 고민해보고 선택하길 바란다. 스스로 선택한 시간과 환경 속에서 용기를 낼 수 있는 갭이어를 가진다면 당신이 그동안 어떤 삶을 살았건, 그곳이 어디이건 진짜 인생을 만나는 시간이 될 것이다.

프롤로그 | 여행, 진짜 인생을 만나는 시간　　　　　005

Part 1 스펙 쌓기 대신 선택한 무전여행

시작하는 데 필요한 건 단 한 발짝의 용기　　　015
세상을 머리가 아닌 몸으로 배우다　　　026
땅끝까지 가서 배운 것　　　035
멈춤은 실패가 아닌 또 다른 선택일 뿐　　　043
객관적 시선으로 바라보기　　　049
나만의 방식으로 답을 찾는다　　　057
직업을 바라보는 새로운 시선　　　064
타인의 시선에서 자유로워지다　　　073

Part 2 더 넓은 세상을 공부하기 위해 도전한 세계 여행

넘지 못할 벽을 만나다　　　083
한 번 실패가 영원한 실패는 아니야　　　091
고정관념을 깨준 라스베이거스　　　097
그래도 여행은 계속된다　　　104
사람의 운은 어디까지 없을 수 있나　　　113
어떤 상황에서든 행복은 선택할 수 있다　　　124
50유로 이상이면 뭐든지 한다!　　　133
세상을 돌아보고 아이디어를 얻는 여행　　　139
새것을 담으려면 먼저 버려야 한다　　　148
지친 몸과 마음을 위한 힐링의 시간　　　154

| 차례 |

Part 3 여행에서 발견한 꿈을 현실로 바꾸다

여행의 경험을 소화시킬 시간이 필요해 163

꿈이라는 감옥에 갇힌 사람들 175

자본금 3만 원으로 시작한 한국갭이어 181

폭삭 망한 프로그램이 남긴 교훈 188

자기 인생을 산다는 것 195

환경을 바꾸면 사람이 바뀐다 203

시간의 가치를 어디에 둘 것인가 213

Part 4 나를 찾고 미래를 탐색하는 시간, 갭이어

지금 하고 있는 일이 진정 내가 원하던 것인가 223

'셀프 갭이어' 첫 번째 미션: 방해물 탐색하기 234

'셀프 갭이어' 두 번째 미션: 웅덩이에서 빠져 나오기 245

'셀프 갭이어' 세 번째 미션: 리스크 직면하기 254

'셀프 갭이어' 네 번째 미션: 잊어버린 꿈 발견하기 262

에필로그 | 하고 싶은 일을 하며 사는 행복을 누리자 290

Part 1

스펙 쌓기 대신

선택한

무전여행

시작하는 데 필요한 건
단 한 발짝의 용기

　　　　　　스무 살에 혼자 여행을 떠나기 전
까지 나는 살면서 크게 두려움을 느껴본 적이 없었다. 가족이나 주변 사
람들도 나를 향해 배포가 좋다는 말을 자주 했다. 어릴 때 심한 장난꾸
러기여서 부모님께 혼나고 달랑 팬티 한 장만 걸친 채 집에서 쫓겨난
적도 있었다. 그러나 고작 그 정도로 겁먹을 내가 아니었다. 부모님께
울면서 비는 일은 물론 없었다. 문 앞에서 버티고만 있으면 시간이 해결
해주었으니까. 한두 시간 지나면 어머니가 들어오라고 문을 열어주신
다는 사실을 경험으로 알고 있었기 때문이다. 자식을 밖에 오래 세워두
지 않으실 거라는 믿음도 있었다.

　'내가 이렇게 밖에서 벌을 서면, 나보다 아는 사람들이 훨씬 더 많은
아버지가 손해지, 내가 손해볼 게 뭐 있어.'

　어린 마음에도 이런 계산을 하곤 했다. 어쩌다 지나가던 동네 어르신
이 내가 벌 받는 모습을 본 후 동네에 이런 소문이 퍼졌다.

"그놈, 배짱 한번 두둑하네."

배짱 있다는 말은 이후로도 꽤 들었지만 정점을 찍은 건 고등학교 2학년 때였다. 그 무렵 나는 교과서보다 협상이나 경영에 관련된 책에 푹 빠져 있었다. 그러다보니 자연스럽게 장사나 사업을 하고 싶다고 생각하게 되었다. 책에 나온 내용을 시험 삼아 진짜 장사를 하기도 했다. 중고 휴대폰을 사고파는 일을 해서 학생이라는 신분 치고 꽤나 큰돈도 벌었다. 장사 경험도, 아는 것도 별로 없이 시작했는데도 불구하고 이익을 많이 남기게 되자 장사에 대한 자신감이 생겼다. 굳이 대학에 갈 필요가 없다는 생각이 들었다.

그러나 부모님 생각은 달랐다. 장사든 사업이든 정 그렇게 하고 싶으면 대학에 들어가 경영학을 전공하면 되지 않느냐는 것이었다. 진로를 두고 부모님과 하루하루 팽팽한 신경전만 벌어질 뿐 속 시원한 대화는 없었다. 그러던 어느 날 아버지가 불쑥 1,000원짜리 한 장을 내미셨다.

"이게 뭐예요?"

"1,000원이다. 오늘부터 매일 이 돈 들고 시장에 나가라."

"시장엔 왜요?"

"장사든 뭐든 한번 해봐. 대신 하루에 딱 1,000원만 써라."

나는 아버지의 제안을 순순히 받아들였다. 직접 장사를 해보면 장사한다는 소리는 쏙 들어가겠거니 아버지는 생각하셨을 것이다. 아버지 예상대로 1,000원으로는 장사는 커녕 하루 끼니 때우기도 힘들었다. 붕어빵 한 봉지로 하루를 버틴 적도 있었다. 그러나 대학을 가지 않고 장사를 하겠다는 내 생각에는 변함이 없었고 아버지에게 이대로 백기를 들고 싶지도 않았다.

부모님과의 갈등의 골은 점점 더 깊어졌다. 나는 나대로 부모님은 부모님대로 속만 썩을 뿐이었다. 그러다가 고등학교 2학년 겨울, 나는 가출을 결심했다. 두려움은 없었다. 서울로 올라가 사업에 성공한 사람들을 만나 그들 옆에서 일하게 해달라고 할 작정이었다. 책상에 앉아 책과 씨름하기보다 살아 있는 공부를 하고 싶었다. 나는 그 편이 사회에서 더 빨리 성공하는 지름길이라고 믿었다.

그렇게 마음의 결정을 내리자 초조해졌다. 한시라도 시간을 낭비하고 싶지 않아서였다. 2주일 동안 아르바이트를 하고 부족한 부분은 친구들에게 돈을 빌렸다. 목표로 한 돈을 모으자마자 그날 바로 〈비즈니스위크〉 잡지에서 봤던 성공한 사람들을 만나기 위해 무작정 서울로 향했다.

1달 동안, 성공한 사업가부터 사채업자까지 별별 사람들을 다 만났다. 그러나 나는 여전히 원하던 답을 얻지 못했다. 생각했던 것보다 사회가 쌓아놓은 구조나 틀은 너무나 견고하다는 걸 깨달았을 뿐이다. 나는 어쩔 수 없이 다시 제도권 안으로 들어와 시간을 벌어야겠다고 생각했다. 호기롭게 벌인 1달간의 가출은 그렇게 끝이 났다.

  스무 살, 부모님의 바람대로 경영학과에 들어갔지만, 대학에서 배우는 경영학에는 흥미를 느끼지 못하고 방황하며 첫 여름방학을 맞았다. 방학 동안 나는 흘러넘치는 시간을 주체할 길이 없었다. 이렇게 가만히 앉아서 시간을 보내느니 집을 떠나 여행을 하기로 결심하고, 인터넷 검색창에 무전여행을 쳐보았다. 검색어를 다양하게 넣어도 특별한 경험담이나 노하우가 나오지 않았다.

  '돈 없이 30일이나 여행을 할 수 있을까? 밥을 못 먹으면 어떻게 하지? 잠은 어디서 자지?'

  마음속에 조금씩 두려움이 싹텄다. 전에는 느껴보지 못한 감정이었다. 그제야 지금까지 내가 배짱 좋다고 큰소리를 칠 수 있었던 건 가족과 사회라는 보이지 않는 울타리 덕분이었다는 걸 깨달았다. 어린 시절, 집에서 쫓겨났어도 시간만 지나면 다시 집안으로 들어갈 수 있으리라는 걸 알았기에 안도하면서 문 앞에서 기다릴 수 있었듯이 말이다.

  그러나 이제 울타리 없는 길로 나아가야 했다. 두려움을 이겨내기 위한 방어책이 필요했다. 나는 친한 친구 7명에게 여행 계획을 털어놓았다. 일부러 사람들에게 떠들어대야 여행을 시작할 수 있을 것 같았다. 친구들 중 누구도 성공할 수 있을 거라고 긍정적으로 말하는 사람이 없었다.

하지만 시간이 지날수록 오기가 생겼다. 친구들에게 떠들어댔으니 자존심을 지키기 위해서라도 무전여행에 반드시 성공하리라 다짐했다. 반대할 거라 생각했던 부모님은 의외로 쉽게 허락하셨다. 돈 없이 가는 여행이니 3일을 못 넘기고 집으로 돌아올 거라고 생각하셨으리라.

여행을 떠나기 전날, 제대로 잠을 이루지 못하고 자다 깨다를 반복했다. 여행 당일 아침, 나는 서늘한 새벽 공기에 잠이 확 깼다. 준비물은 최소한의 옷가지와 물, 소금, 그리고 전국 지도 한 장뿐이었다. 집 밖으로 나온 나는 심호흡을 깊게 한 번 하고 목적지를 향해서 자전거 페달에 발을 올렸다.

"가다 힘들면 돌아와도 되니까 오늘은 실컷 달리자!"

큰 소리로 외쳤다. 내가 가진 거라곤 자전거와 두 다리뿐이었다. 자전거 페달을 밟는 발에 속도가 붙자, 마음속 두려움이 저만치 달아났다. 출발한 지 얼마 되지 않아 마음껏 달리고 있는 자신을 발견했다. 달리는 일에만 집중하는 건 생각보다 즐거운 일이었다. 단지 한발, 또 한발, 어느 순간 나는 스스로 선택한 여행이라는 시간 속을 그렇게 자유롭게 달리고 있었다.

잡초로 무성한 길을 지날 때면 반바지를 입은 다리에 상처가 나기도 했다. 힘든 고개를 몇 개나 무사히 넘었는데, 방심한 순간, 마지막 고개

에서 나자빠진 일도 있었다. 힘이 남아도는 것처럼 느껴져도 때맞춰 쉬
지 않으면 탈이 나곤 했다.

그러다가 한 번은 배가 고프고 체력이 떨어지면서 피곤이 몰려왔다.
이미 배에선 2시간 전부터 꼬르륵 소리가 났을 만큼 점심때가 훨씬 지
난 시각이었다. 마지막 힘을 다해 가는데 왼편에 식당이 보였다. 식당을
찾아서 문 앞까진 갔는데 차마 밥 좀 달라는 소리가 나오지 않았다. 문
앞에서 서성거리며 40분쯤 서 있는데 오만 가지 생각이 들었다.

'5,000원짜리 밥 한 끼 얻어먹는 데 이렇게 용기가 필요하구나.'

문득 부모님 생각이 났다. 돈을 벌어서 자식을 먹이는 일이 얼마나
어려운 일인지 깨닫자 속에서 울컥 뜨거운 게 올라왔다. 그때 한 아주머
니가 나오셨다.

"왜 이러고 서 있어?"

"무전여행을 하고 있는데 밥 좀 얻어먹을 수 있을까요? 뭐든지 시켜
만 주시면 일하겠습니다."

작고 기어드는 목소리로 말했다. 어렸을 때 처음으로 중국집에 전화
를 걸어 음식을 시켜 먹을 때처럼 떨렸다. 차려 주신 밥을 5분 만에 해
치웠다. 마침 아주머니는 점심 장사를 끝내고 정리를 하시던 중이었다.
나는 커다란 빨간 소쿠리에 담겨 있던 수저를 엄청나게 닦았다. 나중엔
손에서 경련이 날 정도였다. 집에선 밥 먹기 싫어서 차려진 밥상 앞에

앉지 않은 적도 많았는데 스스로 밥 한 끼를 구하는 일이 이토록 어려운 일일 줄이야.

해가 저물자 이번에는 잠자리가 문제였다. 일반 가정집에 가서 무작정 재워달라고 할 수도 없는 노릇이었다. 마을 어르신들 몇 분에게 절이 있는 곳을 물었다. 첫 번째 찾아간 절에 도착했을 때는 이미 캄캄한 밤이었다. 낮에 몇 번 연습을 했는데도 쉽게 입이 떨어지지 않았다.

"무전여행을 하는 학생인데 하룻밤 재워줄실 수 있을까요?"

"여기는 그런 곳이 아닙니다."

단번에 거절당했다. 그렇다고 밤을 새울 수는 없었다. 다른 절을 찾았다. 두 번째로 찾아간 절은 용화사였다. 이미 첫 번째 절에서 거절당했기에 이번에도 거절당할지도 모른다는 두려움 때문에 가슴이 콱 막혔다. 그러나 절 이름에 '용'자가 들어 있으니 좀 더 용기를 내보자 다짐했다. 마침 젊은 스님 한 분이 마당에 나와 있었다. 일부러 밝은 목소리로 인사를 했다.

"안녕하세요? 무전여행을 하고 있는 학생인데 어디든 좋으니 하룻밤 묵을 수 있을까요?"

스님은 가만히 쳐다보더니 큰스님께 여쭤본다며 안으로 들어갔다. 다시 밖으로 나온 스님은 내게 방으로 들어오라고 했다. 20명은 너끈히 잘 수 있는 큰 방이었다. 잠시 후 큰스님이 들어오셨는데, 어린 나에게

도 엄청난 기운이 느껴졌다.

"밥은 먹었냐?"

"아니……, 네."

대답이 시원하게 나오지 않았다. 배가 고팠지만 잠자리를 얻었는데 차마 밥까지 달라고 하기엔 염치가 없었다. 스님은 뒤돌아서며 한마디를 하셨다.

"빨리 따라와."

서둘러 옷을 갈아입고 뛰어나갔다. 동네 할머니처럼 친근한 보살님들이 밥상을 차리고 계셨다. 재빠르게 상도 들고, 반찬과 밥을 챙겨 날랐다. 말로만 듣던 '절밥'을 먹어본다는 생각에 설레기까지 했다. 보살님들은 진짜 손자라도 되는 것처럼 나를 살뜰히 챙겨주었다. 밥은 그야말로 꿀맛이었다. 나물에 밥이 전부인 저녁상이었지만 왕도 부럽지 않았다. 설거지를 한 후 보살님들 옆에서 재잘재잘 그날 여행 얘기를 떠들었다. 밥도 얻어먹고 잠자리도 해결되자 근심이 싹 사라져버렸다. 평소 과묵한 편이었는데 수다스럽게 줄줄 이야기를 하고 있는 내 모습이 조금은 낯설었다.

밤이 되자 불이 꺼졌다. 고요한 목탁소리만 들려왔다. 쉬이 잠을 이루지 못하다가 어느 순간 까무룩 잠이 들었다. 얼마나 잤을까. 저절로 눈이 떠졌다. 새벽 3시, 밖으로 나오자 스님들이 불공을 드릴 준비를 하고 계셨다. 108배를 하며 손을 모아 머리를 숙여 기도 비슷한 걸 올렸다. 다시 방으로 들어갔지만 맑은 목탁 소리가 그치지 않았다. 속세에 찌든 내 머릿속을 내리치는 듯한 소리였다.

새벽 5시, 떠날 준비를 했다. 보살님께서 아침을 같이 먹자고 하셨지만 더 이상 신세를 지는 건 마음에 걸렸다. 감사하다는 마음을 표현할 길 없어 깊게 고개 숙여 인사를 드렸다. 그러자 한 보살님이 따라 나오셨다.

"아이고, 그러지 말고 밥이나 먹고 가지."

"아니에요. 잘 먹고 잘 쉬었어요. 충분합니다."

"고집은. 잠깐 기다려봐요."

보살님이 서둘러 안으로 들어가셨다. 기다릴까 말까 망설이다가 돌아서는데 보살님이 부르셨다. 가방에 도시락을 넣어주시더니 인사하며 얼른 안쪽으로 들어가버리셨다. 한참 자전거를 달린 뒤 열어보니 도시락 안에 밥과 나물이 뒤섞여 있었다. 혹시 그냥 갈까봐 급히 싼 흔적이 역력했다. 멈춰 서서 다시 한 번 용화사 쪽을 향해 고개를 숙였다.

예전에 나는 자진해서 고개를 숙이는 일이 없었다. 스스로 잘났다고 여겼기에, 부모님 덕분에 누리고 있던 것들이 처음부터 내 것인 것처럼 고개를 빳빳이 들고 살아왔다. 자존심이나 배짱만 갖고 뭐나 되는 듯이 살아오면서 남에게 고개를 숙이는 것을 자존심 꺾이는 일로 여겼던 것이다.

밝아오는 아침 햇살을 받으며 나는 또다시 자전거 페달을 밟았다. 용화사는 내게서 천천히 멀어져갔다. 온몸으로 자전거 페달을 구르며, 살아가는 데 필요한 진정한 용기란 과연 무엇인지 생각해보았다. 그제야 나는 그동안 갑옷처럼 두르고 있던 오기를 내려놓을 수 있었다. 그때 나는 결심했다. 오기 대신에 앞으로는 매순간 진정한 용기를 발휘하리라.

세상을 머리가 아닌
몸으로 배우다

평탄한 며칠이 지나자 생각지 못했던 복병을 만났다. 장마가 시작된 것이다. 자전거 여행 중에 만난 장마는 생각보다 무시무시했다. 신발 안으로 쳐들어오는 빗물 때문에 자전거 페달을 밟을 때마다 신발 속에서 물이 분수처럼 솟았다. 온몸이 우산이 된 채 고스란히 장대비를 맞아야 했다.

그렇게 한두 시간을 더 달리다가 겨우 버스 정류장을 발견했다. 정류장에서 비를 피하며 가방 안을 살펴보니 홍수가 난 것처럼 난리가 나 있었다. 제대로 씻지 못한 채 땀과 빗물에 젖은 몸에선 곰팡이 냄새마저 나는 듯 했다. 더 이상 가는 것도 무리다 싶어 정류장에서 비가 그치기를 기다렸다. 무지막지한 비 앞에서 기다리는 것 말고는 할 수 있는 게 없었다. 힘들 때는 돌아가라던, 어른들이 자주 하시던 말이 떠올랐다. 지금 상황에 딱 맞는 말이었다.

다행히 비가 조금 잦아들 기미가 보이자 나는 다시 자전거를 끌고 나왔다. 몸은 물에 젖은 솜처럼 천근만근 무거웠다. 길가에 있는 음식점 앞에 놓인 평상을 보자 쌓였던 피곤이 몰려왔다. 그곳에 그대로 주저앉아 포기하고 싶은 생각이 굴뚝같았다. 평상에 드러누우면 다시는 못 일어날 것 같아 겨우 엉덩이만 걸치고 앉아 있는데 어머니 연배로 보이는 아주머니가 나와서 안쓰럽게 바라보더니 말을 걸어왔다.

"학생, 어디 가는 중이야?"

"그냥 여행 중이에요."

"여행? 에구, 무슨 여행을 이렇게 고생스럽게 해. 거기 있어봐. 얼큰한 것 하나 끓여줄게."

"아니에요. 돈이 없어요. 그냥 잠깐 쉬었다만 갈게요."

"쯧쯧, 그러면 쓰나. 비도 오는데 속에 따뜻한 게 들어가야 감기에 안 걸리지."

아주머니는 안으로 들어가셨다. 쭈뼛거리며 평상에 앉아 있는데 라면 끓인 걸 들고 나오셨다.

"실컷 먹어. 남겨도 돼."

그냥 라면이 아니라 버섯에 각종 야채까지 이것저것 많이 들어간 보양식 라면이었다. 허기가 심한 데다 비까지 맞은 상태에서 따끈한 라면을 먹게 되니 제대로 씹지도 않고 목에 들이붓듯 정신없이 밀어넣었다.

"라면에는 밥이 최고지."

아주머니께선 밥까지 주셨다.

"잘 먹었습니다. 너무 맛있어요."

아주머니는 별 말도 없이 등을 툭 쳐주셨다. 밥까지 잘 얻어먹은 터라 뭐라도 돕고 싶은 마음에 평상을 깨끗이 닦았다. 아주머니는 비가 또 올 것 같은데 뭐 하러 닦느냐고 하시면서도 굳이 말리진 않으셨다.

평상에 나란히 앉아 아주머니에게 이런 저런 말을 건넸다. 용화사에서도 느꼈던 거지만 낯선 사람과 편안하게 일상적인 대화를 주고받다니, 놀라운 일이었다. 숫기 없고 말수 없던 평소 내 모습으로는 생각조차 못했던 일이었기 때문이다. 여행을 하면서 원래 나라고 생각하던 나는 어디 가고 전혀 새로운 내가 불쑥불쑥 나타나고 있었다.

떠나려고 일어서자 아주머니는 비닐봉투를 한 뭉치를 들고 오시더니 가방 안에 있는 짐을 정성껏 여러 번 싸주셨다. 손까지 흔들고 폼 나게 자전거를 타려는 순간, 날벼락 같은 일이 벌어졌다. 바지가 쫙, 찢어진 것이다. 비를 쫄딱 맞아 팽팽해진 상태에서 압력을 이기지 못하고 터져버린 듯했다.

속된 말로 정말 환장할 노릇이었다. 손으로 엉덩이를 가리고 아무도 없는 곳으로 가서 몇 번이나 주위를 살폈다. 누가 볼세라 마음은 급한데 젖은 바지는 쉽게 벗겨지지 않았다. 겨우겨우 옷을 갈아입고 심호흡을 깊게 했다. 남은 바지는 한 벌뿐이었다. 앞으로 이런 일이 또 일어나지 않기만 바랄 뿐이었다.

흔히 여행은 인생의 축소판과 같다는 말을 한다. 상상조차 못했던 일들이 시시때때로 불쑥 생기기 때문이다. 힘들게 올라가야 하는 오르막을 만나도 어느 순간 꼭대기에 도달해 내리막을 신나게 달린다. 평지가 이어진다 싶으면 숲으로 이어지는 오솔길을 만나기도 한다.

남들이 하는 대로 따라하면서 왜 해야 하는지도 모르는 공부를 억지로 붙잡고 있을 땐 그저 시간이 빨리 흐르기만 바랐다. 그러나 여행을 떠나온 후부터는 하루하루가 아까웠다. 먹고 자고 자전거 페달을 밟는 일이 전부였지만 내가 선택한 일이었으니까.

그러나 스스로 선택을 했다고 모든 게 뜻대로 되지는 않았다. 여행 중 너무 쉽게 누군가로부터 도움의 손길을 받을 때도 있었지만 때로는 어떤 도움도 받지 못하고 혼자서 상황을 해결해야 할 때도 있었다. 원하는 대로 계획을 세워서 거칠 것 없이 달리다가 자전거 바퀴에 펑크가 날 때도 있었다. 내 마음대로 되지 않는 게 힘들긴 했지만 아무 의미도 모른 채 공부만 하는 것보다는 훨씬 스릴과 재미가 있었다.

'되면 되는대로, 안 되면 안 되는 대로.'

하루하루 지나면서 나는 자연스럽게 상황을 인정하고 수용하기 시작했다. 그러면 신기하게도 어떤 식으로든 방법이 생겼다. 그 방법의 한가

운데에는 늘 사람들이 있었다. 지치고 힘든 여정이었지만 언제 어디서
든 사람들을 만났고 도움을 받았다.

여행은 원칙과 주관이 뚜렷하던 나의 가치관을 조금씩 바꾸어갔다.
주는 대로 먹고 잠잘 수 있는 곳이라면 무조건 좋다고 해야 하는 상황
에 대한 수용이었다. 처음에는 수용이었지만 점점 나를 도와주신 분들
께 감사함을 느꼈다. 따뜻한 밥과 잠자리를 주신 분들은 결코 많은 걸
가진 분들이 아니었다. 작은 가게, 작은 집에 살고 있는 분들이 오히려
더 편안하고 따뜻하게 품어주셨다. 가끔 너무 많이 주셔서 배가 부르더
라도 먹어야 했고, 입맛에 맞지 않아도 맛있는 것처럼 먹어야 했지만 그
조차도 행복한 고민이었다.

먹을 것이든 마음이든 자신이 가진 걸 선뜻 나눠주는 마음, 그건 사
랑이었다. 내가 비용을 지불해서도 아니었고, 잘나서도 아니었다. 이런
사랑이 나를 변화시켰다. 10대 때부터 쌓여온 내 안에 있던 의심과 불
신이라는 차가운 얼음벽이 서서히 녹기 시작했다.

고등학교 시절, 나는 심한 아토피로 공부를 하고 싶어도 하기 어려운
상태였다. 학교에서는 가려움증이 심해지면 교실 밖으로 나와 바람을
쐴 수 있도록 허락해주었다. 그때 손에서 놓지 않던 게 협상과 대화법에
관한 책이었다. 교과서보다 더 열심히 그런 책을 읽었고, 책에 나온 내
용을 토대로 사람들에게 직접 시도도 해봤다. 그런데 놀라운 일이 벌어

졌다. 사람들이 내가 원했던 방향으로 자신의 생각을 바꾸는 게 아닌가. 책에서 일어났던 일이 현실에서도 벌어지다니 신기하고 재미났다. 그러나 시간이 지날수록 그 일은 신기하고 재미있는 일이 아니라 나에게 재앙이 되었다. 사람들에 대한 믿음과 신뢰가 무너지기 시작했기 때문이었다.

예를 들어 동네 치킨집이 있었는데, 내가 협상을 하면 사장님께서 통닭 한 마리 값에 두 마리를 튀겨주셨다. 그런 사례를 몇 번 겪다보니 오히려 사람에 대한 신뢰가 떨어졌다. 마치 깎지 않으면 손해를 보는 것 같았다. 싸게 준다는 말을 들어도 속는 건 아닌가 하는 생각이 들었다. 믿어왔던 사회와 어른에 대한 믿음이 흔들리자 모든 것을 의심의 눈으로 보게 되었다. 사람이 사람을 속이고, 이용하고, 이용당하는 이면을 보게 된 것 같아 마음이 아팠다.

'바보같이 내가 더 많은 걸 챙기지 못했구나. 저들이 더 많이 가져간 거였구나.'

그런 생각에 상당한 충격과 상처를 받았다. 앞으로 살아가면서 내 걸 악착같이 챙겨야겠다는 마음도 먹었다. 하지만 협상에서 이기는 것이 전부가 아니라는 사실을 깨닫는 결정적인 사건이 생겼다. 어느 날, 갈고 닦은 이론을 적용해 안경을 싸게 샀는데, 알고보니 그 안경점의 주인이 이모의 지인이었다. 안경점 주인이 이모에게 '내가 한 일'을 이야기했던 것이다. 주인은 나와 대화를 하다가 학생임을 알고 순간적으로 싸게 줬는데, 나중에서야 손익에 맞지 않게 팔았다는 걸 깨달았던 모양이었다.

"이 사람들도 장사를 하는 사람인데 네 이익만 챙기겠다고 다른 사람에게 손해를 줄 정도로 깎아서야 되겠니."

이모는 일부러 나를 찾아와 천천히 설명해주었다. 협상도 잘못하면 남한테 해가 될 수 있다는 사실에 머리가 멍했다. 그 후로 계속 마음이 복잡했다. 시장의 논리를 따질 줄 알게 되자, 가격을 제대로 주고 사는 일이 바보처럼 보였다. 그러나 한편, 시장의 법칙을 깨고 이익만 찾으려는 내 행위도 마음 편치는 않았다. 스스로 판단한 걸 믿을 수 없었고 세상의 가치를 마냥 따를 수만도 없었다. 세상은 그렇게 단순한 원리만으로 굴러가지도 않았고, 만만치도 않았다. 나는 부족하기만한 작은 그릇에 불과했다. 작은 손바닥 안이 제 세상인양 놀고 있었다.

그런데 무전여행을 통해 자신이 가진 걸 기꺼이 나눠주는 분들을 만나면서 나의 작은 그릇이 깨졌다. 어제까지 전혀 모르던 생면부지의 사람들이 어린 나에게 조건 없이 마음을 나눠주었듯 나 또한 다른 사람들에게 마음을 나눠주고 싶어졌다. 사람의 마음이 얼마나 따뜻한 것인지 비로소 알게 된 것이다.

그런 사실을 깨닫게 될 때면 지친 몸에 다시 힘이 솟구쳤다. 온전히 내 두 발로 열어가는 세상은 신나고 행복했다. 새로 태어난 것처럼 열에 들떠 페달을 밟고 또 밟았다. 태어나서 처음으로 자신의 존재를 온전히 느꼈다. 비교당하고 깨지면서 두 손 가득 쥐게 된 오기와 열패감 덩어리가 서서히 풀려나갔다.

　여행은 나를 바닥부터 변화시켰다. 애써 쏟아 부어도 채워지지 않던 깨진 독 같던 마음에 뭔가가 서서히 차오르기 시작했다. 뻥 뚫려 있던 마음속으로 들어온 건 신뢰였다. 내 자신을 믿어도 된다는 마음, 세상은 살만하다는 믿음. 그렇게 나는 여행을 통해 세상을 머리가 아닌, 몸으로 배우게 되었다.

땅끝까지 가서
배운 것

무작정 세상에 맨몸을 던져서 떠났던 여행이었다. 하루라도 자전거 페달을 밟지 않으면 당장 죽을 것처럼 길을 달렸다. 자전거 앞바퀴에만 집중할 때 온몸을 통과하던 바람은 나를 또 다른 세상으로 이끌어주는 길잡이였다. 땅끝 마을로 가는 이유가 딱히 있던 것도 아니었다. 그냥 내 여행의 첫 목적지를 그곳으로 정했을 뿐이었다.

남들과는 다른 여행을 하고 싶었다. 그리고 세상을 생생하게 느껴 보고 싶었다. 사람들이 무슨 일을 하며 살아가는지도 보고 싶었다. 그래서 무전여행을 시작하기 전 세 가지 원칙을 세웠다. 첫째, 한 번 재워준 곳에 또 가서 잠자지 말기. 둘째, 한 번 얻어먹은 집 가지 말기. 셋째, 먹을 걸 얻어먹었거나 잠자리를 제공받은 집에선 그 대가로 반드시 일해주기. 세 가지 규칙을 보란 듯이 지켰을 때 오는 성취감은 짜릿했다.

나는 스스로에게 어떤 제한을 가하거나 원칙을 정하는 걸 좋아했다.

그래야지 남들과는 다른, 나만이 해낼 수 일이 탄생했기 때문이다. 이것은 성장하는 내내, 나라는 인간의 큰 축을 형성했다. 나중에 안 사실이지만 그 심리의 기저에는 애정을 받고 싶은 갈망이 있었다.

월등하게 공부를 잘했던 형의 존재는 내게 커다란 벽이었다. 아무리 노력해도 형을 따라갈 수는 없었다. 그래서 어린 나는 부모님의 관심과 애정을 받을만한 다른 무엇인가를 찾지 않으면 안 되었다. 아마도 본능적으로 그걸 깨달았던 것 같다. 어느 때부터인가 사람들의 사소한 칭찬에도 귀를 기울였다. 나도 모르게 칭찬과 애정을 받기 위해서 굉장한 노력을 퍼부었다.

지금까지도 기억에 남는 사건 하나는 아버지께서 보일러를 고쳐보라고 내게 시킨 것이었다. 인터넷을 찾아 고장 난 보일러를 고치고 난 뒤에는 무엇인가 고치는 일에 집중하게 되었다. 칭찬을 받고 난 후에는 끝장을 볼 때까지 몰두하는 습성이 생겼는데, 형이 할 수 없는 일을 하는 걸로 자존심을 찾았는지도 모른다.

애정을 받기 위해 특별한 무엇인가를 찾아 몰두하던 습성은 무엇이든 지기 싫다는 마음으로 자라 단단히 뿌리박혔다. 그 대상은 사람일 때도 있었고, 상황일 때도 있었고, 일일 때도 있었다. 이런 오기는 나를 극단으로 치닫는 성향으로 만들었다. 모 아니면 도라는 생각은 앞으로 전진하게 하는 원동력이기도 했지만 한편으로는 스스로 숨통을 조이면서 경직되게 만들기도 했다. 무전여행을 떠난 것도 이런 기질 때문이었는지 모른다.

그런데 여행을 통해 나는 꽉 쥐었던 손에서 힘을 빼버리는 경험을 자꾸만 하게 되었다. 여러 사건들이 생각지 못한 시간과 장소에서 수시로 경직된 나를 치고 들어왔다. 한 번은 한참을 달리던 자전거 바퀴에 펑크가 나버리는 일이 있었다. 억지로 자전거를 끌고 가다가 내리막길이 나오자 나는 아예 펑크 난 바퀴를 빼버리고 휠만 남은 자전거를 타고 신나게 미끄러졌다.

내리막이 끝나고 다시 평지가 시작되자 자전거를 끌고 걸었다. 땀이 나서 웃옷도 벗어버렸다. 햇볕에 살이 금방 빨개졌다. 양배추를 트럭에 가득 싣고 오던 아저씨가 내게 말을 걸었다. 트럭에는 아저씨의 가족도 함께 타고 있었다.

"안 더워?"

"죽을 것 같아요."

"뒤에 태워줄게. 어여 타! 같이 가."

"아니에요. 자전거로 가보려고요."

"타, 그게 그거여. 조금만 태워줄게. 우리 집도 앞이여."

구수한 사투리로 몇 번이나 말씀하시는 통에 어쩔 수 없이 양배추가 실려 있는 트럭 뒤에 올라탔다. 트럭 뒤에 양배추들과 나란히 앉아 돌부리에 걸릴 때마다 툭툭 엉덩방아를 찧고 있자니 졸지에 나도 양배추가 된 것 같았다. 아저씨의 도움으로 목적지인 해남읍의 작은 광장에 생각보다 일찍 도착했다. 자전거부터 고쳐야겠다고 생각해서 수리점을 물어물어 찾아갔다. 자전거 점포 주변으로 버려진 자전거와 고물 자전거가 쌓여 있었다.

"할아버지, 이거 고칠 수 있어요?"

"고칠 수는 있는데 지금은 더워서 일하기 싫어. 2시간 있다 와."

주인이 배짱을 부리는데 어떻게 할 도리가 없었다. 근처에서 만두 가게를 찾아 만두피를 펴주고 만두 몇 개를 얻어먹었다. 그러고 나니 잠이 쏟아졌다. 자전거고 뭐고 쉬고 싶다는 생각이 간절했다. 읍내에 있는 큰 나무 아래로 가서 낮잠을 실컷 잤다. 단잠을 자고 나니 몸이 개운했다.

사단은 자전거를 고친 후 일어났다. 자전거 가게 주인 할아버지가 너무 무섭게 생겨서 차마 돈을 지불하지 않고 몸으로 때우겠다는 말을 할 수가 없었다. 비상금 5,000원을 냈다. 무전여행을 떠난 후 처음으로 쓴 돈이었다. 그러고 보니 이날 하루는 온통 규칙을 깨는 일 투성이었다. 트럭을 얻어 탄 일도 그랬고, 돈을 쓴 일도 그랬다. 그런데 기분이 이상했다. 어렵게 지켜온 규칙을 깼는데 이상하게 기분이 좋았다.

'어라? 이게 뭐라고 이렇게 신나지?'

무엇보다도 돈을 낸다는 행위가 주는 기쁨이 컸다. 무전여행 전에는 항상 돈 내고 먹을 걸 먹고, 무엇인가를 샀지만 여행지에서는 스스로가 세운 규칙 때문에 이런 행위를 할 수 없었다. 다른 사람에게 아쉬운 소리를 해야 했고, 그에 대한 대가로 노동을 해야 했다. 그런데 규칙 같은 건 아랑곳하지 않고 돈을 내자 여태까지 누리지 못했던 행복감이 밀려왔다.

하나의 규칙을 깨자 또 다른 생각이 들었다. 야간 주행을 해보기로 결심한 것이다. 시골길은 금세 어두워진다. 사람도 없고 불빛도 없다. 나는 그동안 위험할 것 같아 삼갔던 야간 주행을 실행했다. 휴대폰 화면을 켠 채 멀리 점점이 보이는 불빛에 집중하며 달리기 시작했다. 그러나 생각보다 불빛은 멀리 있었다. 몇 번이나 이번에는 목적지이겠거니 생각했는데 불빛들의 흔적만 쫓아간 꼴이 되었다.

조그만 마을에라도 들어가 쉬어야 되는데 그냥 쭉 달리고 싶은 마음이 커졌다. 목적지를 향해 한없이 달렸다. 피곤함이 몰려왔다. 지쳐서 더 이상 갈 수 없다고 생각하는 순간, 표지판이 보였다. 위험한 비포장 도로가 끝난 곳은 최종 목적지였던 땅끝이었다. 밤 12시, 휴대폰을 꺼내 친구에게 전화를 걸었다.

"못 갈 줄 알았는데. 결국 해냈네. 축하한다."

"그래, 드디어 왔다."

친구는 연신 축하의 말을 했지만 실감이 나지 않았다. 땀이 식을 무

렴에야 가라앉았던 감정이 서서히 올라오기 시작했다. 기쁨, 희열, 감격
이 뒤섞여 뜨거운 눈물이 볼을 타고 흘렀다. 포기하지 않고 끝까지 해낸
성취감은 오기를 부릴 때와는 달랐다. 손끝까지 찌르르, 전율이 느껴졌
다. 행복하고 또 행복했다.

큰소리 치며 출발했던 무전여행이었지만 사실 나 자신조차도 여기
까지 올 수 있을 거라는 믿음이 없었다. 하는 데까지 해보고 힘들면 언
제든 도망갈 준비가 되어 있던 마음이었다. 여행을 떠나기 전의 난 군
대 현역을 면제받을 정도로 심한 아토피에다가, 몸무게도 100킬로그램
이 넘는 상태였다. 먹는 걸 참을 줄 몰랐던 내가 자전거 한 대로 1차 목
표 지점인 땅끝에 도달하다니! 그날 나는 새벽 1시가 되도록 그곳에 오
래도록 앉아 있었다. 당장 잘 곳도 없었지만 무진장 행복했고, 무엇인가
계속하지 않으면 안 될 것 같은 에너지가 온몸에서 방출되었다.

시간이 지나면서 행복감은 그대로였지만 현실은 현실로 다가왔다.
파출소를 찾아가 재워달라고 부탁해봤지만 끝내 거절당했다. 나는 파
출소 앞 길가로 나와 앉았다. 길가에는 개가 있었다. 술을 마시는 사람
들이 왔다 갔다 했고, 싸움하는 이들도 있었다. 적당히 나이 먹은 연인
들의 민망한 애정 행각도 보였다.

그런데 이상한 일이었다. 눈에 보이는 모든 게 행복하게 보이는 게
아닌가. 자꾸만 웃음이 났다. 생애 처음으로 내가 기획하고 시도한 일이

성공으로 끝나서였다. 처음부터 끝까지 내 힘으로 해냈다는 성취감은 이날 이후에도 계속해서 내게 영향을 미쳤다. 한 번 했으니 두 번, 세 번도 할 수 있을 것 같았다. 어느새 나는 두 번째 여행을 떠올리고 있었다.

멈춤은 실패가 아닌
또 다른 선택일 뿐

첫 번째 여행을 성공적으로 끝내고
나니 자신감이 생겼다. 겨울 방학이 되자마자 나는 두 번째 여행을 계
획했다. 이번에도 계획한 대로 여행을 끝낼 수 있다고 무조건 확신했다.
그러나 예상은 빗나가고 말았다. 두 번째 여행은 실패로 끝났다. 비록
성공하지는 못했지만 그렇다고 아무것도 남지 않은 건 아니었다. 첫 번
째 여행에서 배운 게 용기였다면, 두 번째 여행에서 배운 건 멈출 때를
아는 지혜였다.

겨울에 떠나는 여정이라 나름 머리를 굴린다고 남쪽에서 북쪽으로
올라가는 방향을 선택했다. 짐을 최대한 간편하게 챙겨서 집을 나섰다.
두꺼운 티셔츠 위에 코트를 입고 모자를 썼다. 그러나 떠난 지 하루도
되지 않아 '겨울'임을 실감했다. 한겨울에 장비 하나 제대로 준비하지
않은 탓이었다. 여전히 철모르고 저 잘난 맛에 세상을 살던 내게 추위는
혹독했다. 게다가 모자마저 잃어버렸다. 아무리 배짱으로 버틴다 해도

이건 아니라는 생각이 들었다. 결국 15일째 되던 날 포기하고 말았다.

나의 어리석음과 터무니없는 자만심에 탄식이 저절로 나왔다. 첫 번째 무전여행에서 세 가지 원칙을 만들고 지키면서 성공했기에 이번에도 당연히 성공할 줄 알았다. 처음 1주일은 온몸이 꽁꽁 얼어붙고 이가 저절로 딱딱 부딪치는데도 이를 악물며 버텼다. 찬바람에도 절대 굽힐 수 없는 자존심을 장작 삼아 열정을 불태웠다. 그러나 10일이 넘어서자 즐거움이나 행복감은 어딘가로 사라져버렸다. 겨울의 혹한 앞에서는 자존심도 흔들렸다. 추위와 피로, 배고픔을 피할 생각밖에 없었다.

'내가 왜 이러고 있지? 왜 이런 고통스러운 여행을 계속하고 있는 걸까? 단지 뜻을 굽히기 싫기 때문인 건 아닌가? 여기서 더 배울 게 있을까?'

온갖 물음 속에 '지금 하고 있는 여행이 좋다'는 대답은 들어 있지 않았다. 나는 그저 내 자신을 굽히지 못해서 지루하고 고통스러운 여행을 계속하며 오기를 부리고 있는 중이었다. 강추위가 계속되고 칼날 같은 찬바람이 사정없이 이마를 뚫고 들어왔다. 멈추지 않으면 더 큰 걸 잃을 게 분명했다. 무릎을 꿇고 고민했다.

'이쯤에서 포기해야 하나?'

화가 났다. 준비를 제대로 하지 않고 나온 내 자신을 원망했다. 나약하고 무능한 자신이 미워서 견딜 수가 없었다. 그러나 정신적인 고뇌보다 육체적인 고통이 한발 빨랐다. 한참을 무릎을 꿇고 있자니 오한이 들었다. 끙, 소리를 내며 일어나야 했다.

나는 일어나서 굳게 두 다리로 섰다. 도망치는 것도, 자신에게 지는 것도 아니었다. 여기까지라고 한계를 깨끗하게 인정했다. 그러자 구질구질하게 달라붙어 있던 온갖 종류의 부정적 감정들이 눈 녹듯 사라졌다. 뒤돌아 걸었다. 지금까지와는 정반대의 방향이었다. 걸을수록 발걸음이 점점 가벼워졌다. 여태까지 한곳만 바라보도록 눈을 가리고 있던 장애물이 떨어져나간 것 같았다. 안 될 때도 있다는 걸 인정하고 나니 오히려 홀가분해졌다.

'아무것도 아니었구나. 내가 나를 스스로 억압하고 있었구나.'

집으로 돌아오자마자 방바닥에 대자로 누웠다. 방안의 온기가 부드럽게 몸을 감쌌다. 몸무게는 그대로인데 마음을 짓누르던 무게가 사라지자 몸이 마치 깃털처럼 느껴졌다. 포기한 후에 오는 자유였다. 눈을 감자 집안 여기저기에서 익숙한 소리가 들렸다. 화장실 물 내리는 소리, 창문이 덜컹이는 소리, 어머니가 나를 찾는 소리.

'아! 집에 왔구나. 가족이 나를 기다리고 있었구나.'

감사하는 마음이 흘러넘쳤다. 평소엔 모르고 지나쳤던 소소한 일상이 크게 다가왔다. 겨울날 중간에 돌아서지 않았다면 지금 이 순간의 평화로움과 온기를 몰랐을 것이다. 이 일을 겪고부터 내 자신을 아끼게 되었고 새로운 삶을 만나는 것에 대한 두려움도 사라졌다. 그리고 어떤 일을 하든지 스스로에게 행복하냐고 물어보게 되었다.

'내가 정말로 이 일을 즐기고 있나? 즐거운 도전이라는 원동력이 있는가?'

겨울 무전여행을 통해 새로운 도전이라도 고통과 피로 밖에 느끼지 못한다면 가차 없이 그만두고 돌아오는 법을 익혔다. 멈춰 선다고 약해지고 쓰러지는 게 아니었다. 앞을 보고 끝을 향해 질주를 하다가도 한 번 멈춰서는 방법을 터득하자 다음 일정은 더 쉬웠다. 잠시 멈춰 서서 내가 가고 있는 길을 보고 아닐 때는 뒤돌아갔다. 걸어온 길을 재정비하거나 새로운 방법을 찾기도 했다.

두 번째 무전여행을 끝까지 마치지 못하고 돌아온 걸 누군가는 포기 혹은 실패라고 부를 수도 있을 것이다. 나 또한 포기와 실패에 인색한 사람이었다. 단 한 번의 포기가 마치 인생의 모든 걸 좌우하는 것처럼 집착했다. 그러나 정말 중요한 걸 얻기 위해서는 앞으로 나아가다가도 멈춰 서서 상황을 살펴본 다음에 다시 시작할 수도 있는 게 아닐까.

흔들리지 않는 다리는 없다고 한다. 다리를 건설할 때, 바람과 물살이 주는 충격을 완화하기 위해서 자연스럽게 흔들리도록 만들기 때문이다. 고집스럽게 서서 자리를 지키는 게 아니라 바람과 물살에 흔들리며

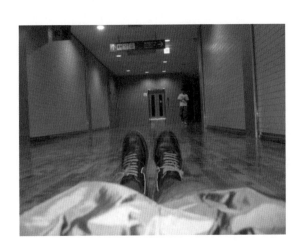

안정을 유지해야 더욱 튼튼하게 버틸 수 있다. 오기와 끈기로 버티는 건 한계가 있다. 세찬 바람에 무너질 수도 있고 거센 물살에 몸과 마음이 축날 수도 있다. 그런 다리는 오래 버틸 수 없다.

여행을 통해 나를 오래 버티는 사람으로 만들기 위해서 멈춰서고 인정하는 법을 배웠다. 바람에 흔들리는 모습을 부끄러워하며, 흔들리지 않기 위해 무조건 버티는 게 아니라 새로운 도전을 위한 준비라고 생각할 수 있게 되었다.

'멈춤'은 포기나 실패가 아니다. 또 다른 선택일 뿐이다. 더 큰 목표를 위해, 미래의 또 다른 삶을 위한 에너지를 비축하는 일이다. 늘 빠른 길로 가는 사람은 없다. 내가 아무리 잘나도 한 번의 전진으로 모든 걸 이뤄낼 수는 없다. 가끔은 그 자리에 멈춰서거나 무릎을 꿇고 잠시 나를 겸허히 받아들일 때도 필요하다.

객관적 시선으로
바라보기

첫 번째, 두 번째 여행을 포함해 대학을 다니는 동안 나는 방학 때마다 거의 매번 여행을 떠났다. 여행에서 돌아오면 여행을 했던 기간만큼, 혹은 그보다 더 오래 사고를 숙성시키는 시간이 필요했다. 밥을 먹으면 소화하는 데 시간이 걸리듯 여행도 마찬가지였다. 일부러 기억을 되살릴 때도 있었지만 대부분은 문득문득 여행의 기억이 떠올랐다. 비 오는 날은 비 오던 날의 경험이, 햇빛이 좋은 날은 땡볕 아래에서 달리던 경험이, 밥을 먹을 때면 공짜로 밥을 나눠주시던 수없이 많은 분들이, 밤에 폭신한 이불을 덮고 잠이 들 때면 노숙하던 생각이 났다.

무전여행을 할 때 최대 관건은 먹을 것과 잠자리를 해결하는 일이었다. 여행 전에는 이 두 가지를 해결해야 한다는 두려움이 컸다. 돈도 없이 공짜로 어떻게 음식을 얻어먹을 것인가. 잠자리도 마찬가지였다. 최악의 경우 굶어야 하고, 길에서 자야 하는 일도 생긴다. 나쁜 사람들을 만나서 안 좋은 일을 당하지는 않을까 걱정도 했다. 그런데 어느 정도 경험이 쌓인 후에는 치안뿐만 아니라 깨끗한 곳에서 자는 게 얼마나 큰 행운인지 깨달았다. 경찰서, 절, 교회, PC방, 마을회관, 식당, 그 지역 친구 집, 공원, 마을 정자, 초등학교 등 생각보다 잠잘 곳은 많았다.

경찰서는 약간 무서웠다. 숙박계에 이름과 주소 등을 적어야 해서 왠지 꺼림칙했다. 절과 교회도 괜찮은 곳이었지만 때로 목탁 소리와 통성기도 소리 때문에 한숨도 못 자는 날도 있었다. 동네 정자나 공원은 모기가 너무 많아서 헌혈을 각오해야 했다. 운 좋게 그냥 재워주시는 분들을 만나면 천국에 온 듯 감사했다.

매일 다른 곳에서 먹고 자다보면 나도 모르게 집중력이 강해진다. 어느 곳에서나 잠을 잘 수 있게 되고(잠이 안 오는 게 이상한 일이다!) 늦잠을 자는 일도 없다. 새나라의 어린이처럼 일찍 자고 일찍 일어났다. 하지만 매일 밥과 잠자리를 구하는 일은 아무리 반복해도 어려운 일이었다.

한 식당에서는 밥을 얻어먹는 대신 일을 하겠노라 했더니 주인 분이 웃으면서 멸치가 든 상자를 주셨다. 인심과 더불어 바다 냄새가 된장국에서 보글보글 끓어오르고 있었다. 밥을 먹고 나머지 멸치를 다듬고 나왔는데도 저녁 5시가 안 되었다.

'오늘은 어디서 자나?'

밥을 해결하니 바로 잠자리 걱정이 밀려왔다. 멀리 산중턱에 대형 병원이 보였다. 병원에 가면 침대가 많을 거라고 단순하게 생각했다. 그런데 막상 병원에 가보니 침대는 많았지만 몸이 더러워 누울 엄두는 내지 못했다. 일단 씻어야 했다. 화장실에 가서 대충 씻으면서도 누가 들어오지 않을지 불안했다. 무사히 몸을 씻고 옷을 갈아입었다. 누가 봐도 평범한 손님으로 보일 것 같아 마음이 놓였다. 문제는 젖은 옷과 가방, 신발이었다. 가장 안쪽 화장실 칸에 넣고 문을 잠갔다. 그러고는 구석에 있는 의자에 앉아 젖은 신발을 뒤로 숨기고 말리고 있는데, 경비 아저씨가 다가왔다.

"화장실에 있는 가방, 학생 건가?"

"네, 죄송합니다. 곧 나가겠습니다."

병원에서는 마지막에 화장실을 점검한다. 그런데 화장실 문이 잠긴 걸 보고 안에 환자가 쓰러져 있는 건 아닌지 놀라서 문을 열었는데 가방만 덩그러니 놓여 있어서 당황하셨단다.

"무전여행 중인데, 구석에 있는 의자에서 자고 가면 안 될까요? 아침 일찍 가겠습니다."

"이러면 안 되는데……. 자고 가."

경비 아저씨는 한참을 고민하시다가 허락하셨다. 그러고는 캔 맥주 하나와 과자까지 갔다주셨다. 맥주를 한 잔 하고 누웠더니 금세 잠이 왔

다. 일어났더니 새벽 5시였다. 그런데 출발할 수가 없었다. 태풍의 영향
권 안에 있어서 비바람이 심했다. 일정에 차질이 생길까봐 조급증이 생
겼다. 그러나 곧 마음을 달리 먹었다. 오히려 쉴 시간이 생겨서 다행이
라고 생각했다. 오후가 되면 태풍도 물러날 것 같았다. 어제 맥주를 주
신 경비원 아저씨를 찾아가서 청소도 하고 빗물도 닦고 우산통도 정리
했다. 일은 금방 끝났다. 그제야 병원을 둘러봐야겠다는 생각이 들었다.

　예전엔 늘 환자로 병원에 왔었기에 병원의 스태프와 의료진, 환자, 보
호자 등을 객관적으로 볼 일이 없었다. 그러나 이번에는 병원에 근무하
는 사람의 마음으로 병원을 바라보았다. 덕분에 병원 시스템을 조금이
라도 이해할 수 있었다.

　환자가 어떤 마음으로 병원을 찾아오는지, 그들이 병원에 와서 의사
를 만나게 되는 과정은 어떤지, 그 사이에 무슨 일이 일어나는지를 관찰
했다. 진료실에서 검사실, 혹은 병실로 가는 절차도 살펴보았다. 환자와
환자 보호자들의 고통이나 아픔이 어떻게 표현되는지, 어떤 눈으로 의
사를 바라보는지도. 거리 밖으로 나가는 대신 병원을 여행한 셈이었다.

　이날을 계기로 나는 새로운 눈으로 세상을 보는 법을 배웠다. 도시나
농촌, 어촌, 산촌 등을 불문하고 행정구역으로 나뉜 장소에는 그 안에
속한 집단과 기관이 있다. 그곳의 근무자가 아닌 이상 그들의 입장이 되
거나 시스템을 들여다볼 일이 거의 없다. 이때의 경험은 훗날 다른 곳에

갔을 때도 관광지 보다 다른 장소들을 우선 살펴보는 이유가 되었다. 앞으로 어디를 가든 풍경이 멋진 곳에서 사진을 찍고 맛집을 찾아다니는 소비 여행 대신 관공서나 상가에 가서 사람들을 보고 도시가 어떻게 계획되고 움직이는지 구조적인 면을 보겠다고 다짐했다.

익숙하던 걸 새롭게 바라보기는 어렵다. 일상적으로 살던 곳을 객관적으로 바라보게 될 기회가 적기도 하거니와 그런 시선을 갖기도 어렵다. 우리는 늘 한쪽 면이나 일부만 바라본다. 그것도 지극히 개인적이고 주관적인 시선인 경우가 대부분이다. 특히 가장 어려운 건 사람을 아는 일이다. 자신뿐만 아니라 타인, 누군가 한 사람을 진정 이해하는 일은 우주의 비밀을 속속들이 아는 것만큼이나 어렵다.

여행에서 돌아와 여행의 경험을 소화하는 시간을 가질수록 나를 알고 세상을 알고 싶다는 마음이 점점 커져갔다. 내가 보는 나와 다른 사람이 보는 나는 분명 다를 것 같았다. 나에 대한 새로운 이해와 시각이 필요했다.

나를 객관적으로 바라볼 수 있는 방법을 고민하다가 '나'에 대한 설문지를 만들었다. 친구들과 주변 사람들에게 받은 설문지 답 속에는 내가 생각하는 모습의 나도 있었지만 '내게 이런 면이 있었나' 하고 놀라게 하는 모습도 있었다. 예를 들면 스스로는 고집이 세서 남의 의견을

잘 듣지 않는다고 생각했는데 사람들의 말을 잘 듣고 따른다는 견해도 있었다. 신선했다. 설문지 답변 속에 전혀 생각하지 못했던 내가 있었다. '나는 이런 사람이야', '이게 나와 잘 어울려'라고 생각했던 것들이 사실은 착각에 불과하고 다른 사람 눈에는 전혀 그렇게 보이지 않는다는 사실도 알게 되었다.

설문지에는 나의 첫인상과 성격에 대한 질문을 주로 넣었다. 일관된 답은 없었다. '섬세하다', '덜렁댄다'와 같이 정반대의 답도 나와서 도대체 나는 어떤 인간인가 싶기도 했다. 어떤 답들은 신경 쓰이지 않았지만 어떤 답들은 마음속 깊은 곳을 아프게 찔렀다.

'나는 누구지? 내가 원하는 건 뭐지?'

설문지 답을 앞에 놓고 생각에 잠겼다. 나 자신을 깊게 파고들어가면서 바라보자 그토록 내가 갈망했던 게 무엇인지 차츰 알게 되었다. 그건 누군가의 인정이었다. 누군가 나를 바라봐주기를 바라고, 인정받기를 간절히 바라는 마음이 내 안에 강하게 자리 잡고 있었던 것이다.

의식적이든 무의식적이든 누구나 자신이 생각하는 자아 이미지가 있다. 설문조사는 그동안 견고하게 쌓아왔던 자신의 이미지를 무너뜨리고, 있는 그대로 나를 바라보는 계기가 되었다. 내가 애쓰며 만들어놓은 그럴 듯한 나를 내려놓고, 있는 그대로의 나를 인정하는 동안 벌거벗은 채 광장에 서 있는 기분이 들었다. 입고 있던 가식과 허례의 옷을 벗자,

056   여행은 최고의 공부다

시원하면서도 동시에 부끄러웠다. 장점을 인정하는 일은 뿌듯했지만 단점을 받아들이는 일은 많이 고통스러웠다.

그렇게 내가 누구인지 좀 더 알게 되자 새로운 힘이 생겼다. 나는 다니던 대학을 자퇴했다. 후회는 없었다. 내 시간을 어디에 쓸 것인지, 어떤 인생을 살아갈 것인지 진지하게 모색하는 시간을 얻었기 때문이다. 그리고 이 시간을 통해 나를 가뒀던 기존의 프레임을 깨면서 나는 더 크고 강하게 성장해나갔다.

나만의 방식으로
답을 찾는다

세 번째 여행에서 '히치하이킹'이
라는 수단을 선택했다. 한 번 시작한 무전여행은 방학 때마다 계속됐는
데 그때마다 나는 여행 방식을 달리했다. 지루함을 덜기 위한 방편이기
도 했지만 다른 원칙을 제공함으로써 다른 방식으로 세상을 구경하고
싶어서였다.

처음에는 텔레비전에서 봤던 것처럼, 다른 사람들이 하듯이 지나가
는 차를 향해 손을 흔들었다. 종종 모자를 흔들기도 했지만 이 방법이
별로 효과가 없다는 사실을 금세 알게 되었다. 지나가는 차를 탓하거나
내 능력 부족을 탓하기보다 다른 방법을 찾기로 했다. 마침 길가에 버려
진 박스가 있었다. 한쪽 면을 뜯어내어 이렇게 썼다.

"순천 갑니다. 조금이라도 태워주세요!"

날씨에 따라 유머를 덧붙였다.

"안 태워주신다고요? 저 타서 죽어요!"

경험을 통해 알게 된 가장 좋은 방법은 신호등이나 톨게이트 앞에서 기다리는 방법이었다. 차가 멈추면 직접 얼굴을 보며 대화하고 웃으면서 말을 걸었다. 이때 가장 중요한 건 웃는 얼굴이었다. 환하게 웃는 얼굴이 히치하이킹의 생명이었다. 사람들은 히치하이킹하는 사람을 싫어해서가 아니라 위험할 수도 있다는 생각에 태워주기를 주저했다. 그런데 웃는 얼굴로 다가가니 성공률이 높았다.

내 장점 중 하나는 기존의 방법이 통하지 않을 때 나만의 방식으로 문제를 해결해보려 고민한다는 점이다. 히치하이킹할 때도 마찬가지였다. 내 입장에서 생각하는 걸 멈추고 운전자의 입장에서 생각했다.

'언제 차를 멈추고 싶은 생각이 들까?'

운전자의 시점에서 생각하니 그들이 멈추게 되는 상황이 떠올랐다. 운전자가 멈추는 상황에서 히치하이킹을 시도해야 성공할 확률이 높다는 결론을 내렸다. 만약 내가 기존에 남들이 해왔던 방법대로만 하다가 실패하고 포기했다면 프레임을 깨는 방법을 배우지 못했을 것이다.

나를 태워준 운전자 분들은 쉽게 자신의 이야기를 꺼냈고 나에 대해서도 물었다. 이야기를 주거니 받거니 하면서 짧은 시간이나마 서로 통하는 걸 느꼈다. 낯선 이에게 친절을 베풀 줄 아는 이들이어서 그랬을까. 그들의 이야기는 희망차고 따뜻했다.

그분들과 헤어질 때는 90도로 인사했다. 진심을 더 잘 표현하기 위해 떠나는 차를 향해 손을 흔들고 보이지 않을 때까지 목례를 했다. 진심은 여행을 지속시킨 가장 큰 원동력이었다. 나는 여행을 하면서 나만의 방식으로 진심을 표현하는 법을 익혀 나갔다.

이렇듯 나만의 방식으로 세상을 배우고 이해하려는 노력은 어린 시절에도 있었다. 어릴 때 나는 난독증이 있었다. 읽는 걸 제대로 할 수 없으니 당연히 이해하는 것도 느렸다. 받아쓰기와 일어서서 책 읽기는 최대의 난관이었다. 똑바로 읽지 못해서 창피당하기 싫었기에 초등학교 3, 4학년 때는 학습 내용을 스토리로 이해하고 암기하는 방식으로 공부했다. 중학교 때부터는 판서의 압박에 시달렸다. 혼자 보고 쓰기에는 벅차서 친구들에게 노트를 빌려 따로 필기를 베껴 쓰기도 하면서 노력했지만 진도는 더뎠다. 고등학교 때는 공부하기가 더 어려워졌다. 학교라는 울타리가 점점 답답해졌다.

대학교에 가서야 내가 난독증이라는 사실을 알았다. 그 사실을 알기 전까지는 학습에 더딘 아이쯤으로 스스로도 생각하고 있었다. 대학에서 회계 수업을 듣는데, 늘 합이 맞지 않는 것이었다. 오른쪽이랑 왼쪽이 맞아야 하는데 계산할 때마다 달랐다. 심지어 양쪽 다 틀릴 때도 있었다. 설마, 하는 마음으로 병원에 검사를 받으러 갔다. 진료실에 들어가자마자 벽에 걸린 달력을 가리키며 의사가 말했다.

"여기 써 있는 글자를 읽어보세요."

"이탈리아."

"다시 읽어보세요."

"이탈리아."

"진짜로 다시 읽어보세요."

"이탈리아."

세 번째에도 내 대답은 동일했다. 그러나 다섯 번째가 됐을 때서야 이탈리아가 아니라는 걸 알았다. 글자 수는 같았지만 비슷한 다른 단어를 대답했던 것이다. 그제야 평생 이해가 되지 않았던 지난날을 이해할 수 있었다. 난독증 때문에 겪었던 그 어려움들, 다른 아이들처럼 공부할 수 없었던 자신에 대한 좌절감이 떠올랐다.

난독증에도 불구하고 내가 버틸 수 있었던 건 학창 시절에 나만의 공부 방식을 찾았기 때문이었다. 나는 녹음을 해서 여러 번 듣거나 혼잣말을 하며 암기했다. 스토리텔링을 통해 맥락을 잡고 전체를 이해했다. 큰 그림을 그리고 과감하게 일을 진행하는 습관은 이때부터 연습이 되었던 것 같다.

나만의 방식으로 목표를 이룬 것은 다이어트를 할 때도 마찬가지였다. 4개월 동안 37킬로그램을 뺐다. 식단 조절과 운동을 꾸준히 병행하니 처음 한 달은 하루에 1킬로그램씩 빠졌다. 이때도 나만의 방식으로 실행했다. 첫째, 다이어트에 방해되는 요소들은 모두 제외해나갔다. 모임이나 술자리는 쳐다보지도 않았다. 둘째, 다이어트에 도움이 될만한 것들을 여러 군데 배치했다. 예를 들어 내 방 앞에 돈을 놓아둔다. 돈이 바닥에 떨어져 있으면 줍기 마련이다. 돈을 주우며 내가 왜 이곳에 돈을 놓았는지 이유를 다시 한 번 상기했다. 셋째, 주변 사람들에게 다이어트를 한다는 사실을 알렸다. 성공 여부를 두고 간단한 내기를 걸기도 했다.

나도 먹는 걸 좋아하는 사람인지라 당연히 다이어트는 고난의 행군이었다. 고기를 보면 침을 흘리는 파블로프의 개처럼 원래 갖고 있던 자극에 대한 반응을 다른 패턴으로 바꾸는 일은 어렵고 힘든 일이었다. 혼자만의 의지로 지속성을 유지하기는 어렵다고 판단했기에 주변 사람들에게 지속적으로 객관적인 피드백을 들었다.

다이어트에 동기부여가 꾸준히 이뤄지자 다이어트를 위한 아이디어를 내고 행동으로 옮기는 데 재미가 생겼다. 소식(小食)과 운동이 생활 패턴으로 자리 잡자 배고픈 괴로움보다 살이 빠진다는 만족감과 행복감이 더 컸다. 다이어트는 내 생각과 감정까지 변화시켰다. 놀라운 경험이었다. 나만의 방식으로 시도한 다이어트가 그렇게 스스로를 변화시켰고, 성취감과 행복을 맛볼 수 있었다.

나만의 방식은 여행을 할 때도 필요하다. 여행지에서는 수많은 상황과 다양한 사람 등 갖가지 변수를 만나게 되는데 때에 따라서 나의 대응 방식도 조금씩 달라졌다. 잠자리를 구하거나 먹을 걸 구할 때도 매번 상황에 따라 태도와 말에 변화를 꾀해야 했다. 그러나 중요한 건 머리가 아니라 하나씩 몸으로 부딪치면서 직접 해봐야 자신에게 맞는 방법과 길을 찾을 수 있다는 것이다. 답은 언제나 내 안에 있었다. 다른 사람의 방식과 조언을 무조건 따르는 대신 나만의 방식으로 직면한 문제를 해결함으로써 나도 할 수 있다는 자신감과 용기를 얻을 수 있었다.

직업을 바라보는
새로운 시선

국내 여행만 하던 나는 우연히 일본 여행을 하게 되었다. 주변의 누군가가 일본 여행을 가고 싶다는 말을 꺼냈고, 맞장구를 치면서 그러자고 한 게 현실이 되었다. 어떻게 하면 경비를 마련할까 고민하다가 방송국 여기저기에 사연을 보냈다. 내용인즉 무전여행을 떠나려는 청년인데 비행기 경비만 대주면 되니 내 여행기를 찍어달라는 제안이었다.

대범하고 열정적으로 여행을 준비하는 동안 엔도르핀이 마구 솟구쳤다. 그러나 아쉽게도 방송에 대한 기대는 충족되지 않았다. 어느 방송국에서도 답장이 오지 않았다. 포기하지 않고 계속 메일을 보냈더니 드디어 한 곳에서 연락이 왔다. '6시 내 고향'이었다. 무모한 계획이니 그만두라는 내용이었다.

거창한 계획은 우습게 끝나버렸지만 그래도 답장 하나는 받았다는 걸로 위로를 삼았다. 그러나 일본에 가기로 한 계획 자체를 포기한 건 아니었다. 비용을 최소화하기 위해 부산항에서 배를 타고 일본으로 가기로 했다. 바다 위에 배 한 척만 덜렁 떠 있는 걸 보니 무서운 생각도 들었지만 우리는 무사히 후쿠오카 항구에 도착했다.

일단은 무조건 시내 중심지를 향해서 가기로 했다. 걸어가다 어떻게든 밥을 얻어먹으려고 식당으로 들어가봤지만 언어장벽은 생각보다 높았다. 일본어는 전혀 할 줄 몰랐고 그나마 조금 할 줄 아는 영어마저 통하지 않았다. 오후 늦게까지 먹을 걸 구하지 못해 굶을 수밖에 없었다.

먹을 것도 중요했지만 잠자리도 중요했다. 그날 어디에서 잘지 숙소를 먼저 정해야 한다는 걸 경험으로 알고 있었기에 책에 나와 있는 한인 숙소를 찾아갔다. 1층에 식당이 있고, 위층은 숙소로 쓰는 모양이었는데 복도나 모든 공간이 좁았다.

"청소도 하고, 허드렛일도 할게요. 재워주시면 안 될까요?"

"여기는 그런 곳 아니에요."

한 번 더 부탁을 했지만 내 목소리는 여전히 작고 자신감도 없었다. 경험상 이렇게 기운이 쪼그라들면 어김없이 결과도 좋지 않았다. 자신 있게 웃는 얼굴이 필요하다는 걸 알고 있으면서도 이국의 낯선 땅에서 의사소통의 부재를 벌써 느낀 탓이었는지 자신감이 자꾸 사라져버렸다. 그래도 다시 사정을 했다. 4시간 이상 걸어왔는데 숙소가 있는 다른 곳에 가기에는 너무나 막막했다. 또다시 거절을 당하자 어디로 가지도

못하고 문 앞에 쭈그리고 앉았다. 잠시 후 일하는 아주머니 한 분이 나
오셨다.

"아까 들었는데, 여기서 이러고 있으면 어떡해요. 이거 오픈 기념으
로 나눠준 사우나 이용권이니까 여기로 가서 자요. 언제든 사용할 수 있
어요."

한 줄기 빛, 혹은 한 줄기 희망은 책에만 존재하는 말이 아니었다. 아
주머니의 친절함 덕분에 첫날밤을 무사히 보내고 다시 길거리로 나섰
다. 그리고는 무작정 일본 친구들한테 손짓 발짓을 섞어가며 말을 걸었
다. 간혹 밥을 얻어먹기도 했고, 잠자리도 얻었지만 거기에는 한계가 있
었다. 완전한 무전여행은 서서히 먼 이야기가 되고 있었다. 이미 배 삯
과 JR패스를 사는 데 돈을 쓴 후였다.

역 근처 시식 코너에서 끼니를 때우고 돌 위에서 자기도 했다. 다음
날 아침, 사과와 빵이 든 봉지를 받은 적도 있었다. 파친코도 잠을 해결
할 수 있는 곳 중 하나였다. 파친코에서는 새벽 5시가 되면 사람들이 활
동하기 시작했다. 날을 새면 그곳에 있던 사람들은 작은 의자를 내밀며
자리를 맡아달라고 부탁했다. 파친코 청소 시간인 50분에서 1시간 정
도, 사람들이 나갔다 오는 사이 자리를 맡아주고 얼마의 돈을 받았다.
새로운 경험이었다.

일본의 사회적인 시스템을 보면, 큰 틀을 유지하고 지키려고 하는 면

은 한국과 비슷했다. 그러나 일본에서는 개인의 행동이나 생각에 크게 간섭하지 않는 듯했다. 이상하게 들릴지도 모르지만, 당시 일본에서 돌아다닐 때 부러웠던 건 수많은 '오타쿠'였다. 지금은 이런 사람들을 '덕후'라고 부르며 능력자로 내세우는 TV 예능 프로그램도 생길 정도로 인식이 바뀌었지만 당시만 해도 우리나라는 '오타쿠'에 대해 부정적인 이미지가 강했다. 우리 시각에선 말도 안 되는 것 같은 직업도 일본에서는 사회구조 안의 직업으로 인정받고 있었다. 일본에서는 한 분야에 전문적으로 파고들면 직업이 될 수 있었다. 자신이 좋아하는 일을 끝까지 하면 그것이 사회의 한 분야로 자리 잡을 수 있다는 것을 인정해주는 그런 분위기가 좋았다.

하루는 일본의 도로에서 인부가 보도블록을 깔고 있었다. 지나가던 엄마와 아이는 감사하다는 인사를 하고 지나갔다. 우리나라였다면 어땠을까? "저런 사람 안 되려면 열심히 공부해야 한다"라는 말을 듣게 되지 않았을까. 씁쓸했지만 저절로 이런 생각이 들었다. 말로는 직업에 귀천이 없다고 하지만 우리나라의 현실에서는 보이지 않는 차별과 계급이 존재한다. 각자가 다른 일을 하고 있다고 인정하기보다는 일의 우열을 나누는 것이다.

직업은 점점 세분화되고 있는 추세다. 세계적으로 수만 개의 직업이 있다고 한다. 최근 떠오른 직업 중 눈에 띄는 것으로, '디지털 장의사'가 있다. 사후에 인터넷에 남아 있는 생전의 흔적을 지워주는 일이다. 인터넷상에 남아 있는 개인정보가 어떻게 사용될지 모르는 세상을 반영하는 새로운 직업이다.

일본 여행 중 아주 특이한 직업을 알게 되었는데, '밀크 테이스터'였다. 여행 중 만난 한 친구를 통해 알게 된 직업이었다. '와인 소믈리에'는 들어봤지만 우유 맛을 감별하다니 생소하게 들렸다. 그 친구는 자신도 여행 중이라고 했다.

"왜 여행을 하는데?"

"내 꿈은 밀크 테이스터인데 우유 맛을 감별하는 거야. 우유는 물에 따라 맛이 달라지니까 일본 전국을 돌아다니며 물맛을 보고 있어."

그 이야기는 직업에 대한 생각을 송두리째 바꿀 만큼 큰 충격이었다. 단순히 물맛을 보러 다닌다니, 누군가에게는 어이없는 소리로 들릴지도 모르겠지만 자기가 앞으로 정말 하고 싶은 일을 위해 헌신하는 모습이 멋있었다. 이런 식으로 여행할 수도 있다니, 진심으로 감탄했다.

나중에 한국에도 '워터 소믈리에'란 직업이 있다는 걸 알게 되었다. 생수 산업이 발달하면서 새롭게 생긴 직업이었다. 시중에 나온 다양한 생수도 사람들의 입맛과 취향에 따라 선호하는 물이 다 다르다. 워터 소믈리에는 물에 대한 전문 지식뿐 아니라 물의 맛, 품질을 감별하는 직업이다. 물과 관련된 공기업에서 워터 소믈리에 교육 과정까지 개설할 정도니 직업이란 것도 세상이 변하는 만큼이나 변화하는 게 맞는 것 같다.

일본 여행 중 한 번은 잘 곳을 해결하지 못해서 늦게 역의 의자에 자리 잡으려고 했다. 그런데 벌써 자리를 차지한 사람들이 많아서 어정쩡하게 두리번거리며 서 있었다. 그러다 역 광장에 시선이 갔다. 한 외국인 남자가 어떤 사람을 꼭 안아주고 서 있었다. 그 사람에게 안겼던 사람이 가고 나자 잠시 그 외국인은 그 자리에 서 있다 역 안으로 들어왔다. 처음에는 연인과 이별을 하는 것인가 생각했지만 대상은 나이가 꽤 있는 할머니로 보였고, 그와는 상관없이 어딘가로 사라졌다. '프리 허그'로 생각했는데 먼 타국까지 와서 프리 허그라니 좀 엉뚱했다.

나는 그 외국인 친구에게 다가갔다. 그와 나는 역 한쪽 구석에 두툼한 박스를 구해 깔고 앉아서 얘기를 나누었다. 일본에 오기 전에 프라하에 있었다는 그는 '존 레논의 벽' 앞에서 노래하고 그림을 그려주고 돈을 벌어 일본으로 여행을 왔다고 했다. 벌써 오랫동안 세계를 떠돌고 있는 듯했지만 그는 좀 더 많은 곳을 가보고 싶다고 했다.

"아까는 뭐 한 거야? 프리 허그?"

"응, 여러 나라를 돌다보니까 세계인의 공통된 심리는 외로움이더라고. 여행을 하다 뼈에 사무치도록 외로운데 돈도 없어 누군가에게 전화도 할 수 없었던 적이 있었어. 그런데 그때 한 여행자가 와서 말을 걸어주고, 나를 꼭 안아주었어. 그렇게 따뜻하게 느껴질 수가 없더라고. 교감이라고 해야 하나. 그래서……."

그는 한마디 덧붙였다. 언젠가 고국인 미국에 돌아가면 껴안아주는 직업을 얻고 싶다고 했다.

"껴안아주는 직업?"

"스너글(Snuggle)이라는 직업이 있다는 걸 들었어. 누군가에게 '바싹 파고들다'라는 뜻으로 말 그대로 포옹하는 걸 의미해. 내가 위로를 받았 던 것처럼 나도 누군가에게 그 위로를 돌려주고 싶어."

'밀크 테이스터'에 이어 훨씬 더 충격적인 이야기였다. 직업에 대한 생각이 한 번 더 전복되는 느낌이었다. 세상에는 생각지도 못한 다양한 직업이 존재하고 있었다. 그날 밤, 추운 곳에서 자려니 불편한 탓도 있 었지만 그 외국인 친구가 여행을 하며 갖가지 일을 했다는 이야기가 떠 올라 좀처럼 잠을 잘 수 없었다.

'갭이어' 컨설팅을 하면서 만나는 젊은 친구들에게 뭐가 가장 두렵냐 고 물으면 대다수가 앞으로 무엇을 해야 할지 모른다는 거라고 답한다. 우리가 알고 있는 몇 가지 직업, 타인이 만들어놓은 좋은 직업이라는 몇 가지를 위해 많은 사람들이 미친 듯 공부만 한다. 그러다가 대학에만 가 면 무엇인가 될 줄 알았는데 그것도 아니다. 취업을 위해, 영어 공부와 각종 자격증을 따기 위해 또다시 공부를 해야 한다.

나 또한 닫힌 세계 안에서 하고픈 게 뭔지도 모르고, 뭘 해야 하는지
도 모른 채, 용기를 내서 선택한 게 여행이었다. 여행을 통해서 고정관
념에 사로잡혔던 자신을 깰 수 있었고, 배움과 깨달음도 점점 커져갔다.
일본 여행 중 가장 큰 깨달음은 직업에 대한 시야를 확장한 일이었다.
그 후 내 안에는 나도 모르게 질문 하나가 싹텄다.

'나는 누구를 위해, 무슨 일을 할 것인가?'

타인의 시선에서
자유로워지다

일본 여행에서 돌아온 후, 함께 여행했던 친구를 오랜만에 만났다. 예전에는 이 친구와 만나면 경쟁심이 강하고 사람을 아래로 본다는 느낌이 들 때가 있었다. 그런데 그날은 어딘지 모르게 그가 변해 있었다. 예전과 다르게 그는 평안해 보였다.

"난 스스로 잘난 사람이라고 생각했어. 내 기준에 못 미치는 사람은 무시해도 된다고 생각했지. 그런데 여행을 하면서 내가 그런 사람이라는 게 낯 뜨겁더라. 학벌도, 배경도, 가진 것도 없이 세상에 나가보니, 내가 얼마나 작은 존재인지 알겠더라고. 잘난 척했던 것도 열등감을 숨기기 위해서였지."

친구의 고백은 나의 고백이기도 했다. 나 또한 오랫동안 열등감에 사로잡혀 살아왔다. 대학에 들어갔지만 학교 수업은 내가 숱하게 봐왔던 책보다 나을 게 없었다. 그래서 한 학기는 술만 내리 40일 넘게 마시는 미친 짓도 했다. 머리에서 발끝까지 식은땀을 줄줄 흘리는 경험을 하고

서야 몸과 영혼을 좀먹는 짓을 그만둘 수 있었다. 자신이 한심해서 견딜 수가 없었다. 그러나 여전히 무엇을 해야 할지 몰랐고, 공부도 재미가 없었다.

그러다 우연히 게임에 빠졌다. 서울대학교 경제학과 학생들이 수업으로 한다는 게임이었다. 내가 좀 더 다른 인간임을 보여줄 수 있는, 나를 테스트할 수 있는 기회라는 생각이 들었다. 게임은 피드백이 빨랐다. 시간을 들이고 노력하면 원하는 결과가 바로 나왔다. 무섭게 게임에 몰두한 결과 마침내 일등을 했다. 돌이켜보면 바보 같은 행동이지만 당시엔 그 자체에서 성취감을 느꼈다. 한때는 다이어트를 해서 살을 빼고 난 뒤, 주변 사람들의 폭발적인 반응에 우쭐했던 적도 있었다.

'한다면 하는 놈이구나, 이 친구는 좀 다르구나.'

다른 사람들이 놀라는 시선을 보는 것도 유쾌했지만 내가 나를 관리할 수 있다는 즐거움에 심취했다. 그러나 다이어트에 대한 열의는 의외의 지점에서 식기 시작했다. 여름이 가까워질 무렵, 바가지를 엎어놓은 것 같았던 내 배가 홀쭉해지면서 놀랍게도 복근이라는 게 생겼다. 놀라움도 잠시, 복근을 만들어 뭐하려나 싶었다. 바닷가에 간들 옷을 벗고 자랑할 성격도 아니었다. 멋진 몸매를 만들기 위해서 다이어트를 한 것도 아니었다. 계속해서 다이어트를 할 이유를 찾지 못했고 그날로 2년간 해오던 운동을 그만두었다.

몇 년 후에야 그때의 나를 직면할 수 있었다. 무엇인가를 계획하고 통제함으로써 결과를 만들어내는 패턴은 열등의식에 대한 보상이었다. 게임도 다이어트도, 내가 남과 다르다는 걸 기를 쓰며 증명하려고 애썼던 행동이었다.

여행에서 만난 많은 사람들을 통해 나는 다양한 삶을 보았다. 어떻게든 살아지겠구나 하는 편안함도 생겼다. 성공을 향해 돌진하라며 채찍질하는 대신 평온하게 자신의 미래를 탐색하는 시간을 주면 훨씬 더 좋겠다 싶었다.

여행은 나 자신을 직면하게 함으로써 부족한 점을 바라보게 했지만 한편으로는 내가 제법 괜찮은 사람이라는 자긍심도 느끼게 해주었다. 열여덟 살 때부터 꿈꿔왔던 것 중 하나가 길 위에 가만히 누워 하늘을 바라보는 것이었다. 반항심에서였는지, 자유를 만끽하고 싶어서였는지는 모르겠지만 길 위에 누웠을 때 느낌이나 그 순간 바라본 하늘은 어떤 모습일지 굉장히 궁금했다. 처음 무전여행을 시작했을 무렵, 이 작은 소망을 실현해보기로 했다. 지나가는 사람이 없는지 주변을 살피고 용기를 내어 길 위에 누워보았다. 하지만 누가 지나가기라도 하면 민망함을 이기지 못하고 금방 일어나버렸다. 한두 번 그렇게 잠깐씩 누워보며 광주와 영광을 거쳐서 목포로 가는 길, 바닷가 옆으로 방파제가 보였다. 저절로 발걸음이 멈춰졌다. 방파제가 보이는 길가에 아무 생각 없이 누위 하늘을 바라보았다. 어제와 같은 하늘이었는데 그 순간만큼은 너무나 특별했다. 살랑거리는 바람을 온몸에 느끼며 눈을 감았다. 눈을 뜨고 난 후에도 나는 오랫동안 길에 누워 있었다. 지나가던 사람들도 이제는 더 이상 신경 쓰이지 않았다.

한 가지를 극복하고 나자 주변 사람들의 시선을 의식하느라 못하던 일들이 '별것 아닌 일'처럼 여겨졌다. 무엇인가 잘해서 나를 드러내고 싶었던 마음, 언제 어느 때고 폭발할 것처럼 쌓여 있던 열등감 덩어리도 사그라들었다.

여행을 하면서 나는 점점 다른 사람이 되어갔다. 눈치를 덜 보는 대신, 유연해졌다. 쉽게 친구를 사귀고 자주 웃었다. 경험의 폭이 넓어지자 가능성의 폭도 커졌다. 뭐든 할 수 있고 뭐든 하면 되겠다는 자신감도 생겼다.

그러고 나서 인생 전체를 크게 보고 굵직한 계획을 세우며 해야 할 일들을 정리하기 시작했다. 내 삶에서 무엇이 가장 중요할지 고민했다. 성장에 도움이 될 일도 쓰고, 갈림길에 놓이면 질문을 던지고 나름대로 그 대답도 써두었다.

"1달 후 죽는다면 무엇을 하고 싶은가?"

1달 후 생의 마지막을 맞을 듯이 감정이입을 했다. 10년 뒤, 1년 뒤, 1달 뒤. 내가 하고 싶은 것과 내가 되고 싶은 모습을 상상했다. 그렇게

써놓은 수십 개의 목록이 차례로 지워지고 오직 하나가 남았다. 주어진
시간이 단 며칠뿐일지라도 정말 내가 하고 싶은 건 오직 하나였다.

'세계 여행!'

생각하는 것만으로도 가슴이 떨렸다. 나는 더 넓은 세상을 경험하고
싶었다. 나는 앞으로 내 작은 세계를 뛰어넘기 위한 여행을 계속하기로
결심했다.

Part 2

더 넓은 세상을

공부하기 위해 도전한

세계 여행

넘지 못할 벽을
만나다

세계 여행이라는 목표가 생기자 머뭇거릴 이유가 없었다. 비상금 200만 원을 챙겼다. 돈 없이 해외에서 지낸다는 건 불가능할 거라 생각했다. 너무 힘든 상황, 내 힘으로 아무것도 할 수 없는 상황이 생길 경우를 대비한 돈이었다.

여행을 하다보면 일을 구하려 해도 구해지지 않고, 마음 편하게 여행을 할 수도 없거니와 잠도 못 자는 상황이 벌어질 수도 있다. 꼭 필요한 상황에서만 돈을 쓰고, 어쩔 수 없다면 그때는 돌아오자고 생각했다. 다른 계획은 세우지 않았다.

첫 여행지는 캐나다로 결정했다. 이유는 단순했다. 오로라와 로키 산맥이 보고 싶어서였다. 북유럽에서도 오로라를 볼 수 있다는 사실은 나중에야 알았다. 그야말로 준비 없이 떠나는 막무가내 여행이었다. 캐나다는 생각보다 훨씬 추웠다. 밴쿠버에서 로키 산맥을 보러 캘거리까지 갔는데, 오로라를 볼 수 있는 밴프까지는 들어갈 수 없었다. 일단은 철수하고, 다시 기회를 노려야 했다. 아쉬움이 컸지만 포기해야 할 때는 깨끗하게 물러서고 다음 가능성을 생각하기로 했다.

캐나다에서 일을 찾아 나섰는데 마땅히 일할 만한 곳이 없었다. 그곳에서 일자리를 구하면서 생각의 틀이 한 번 더 깨졌다. 캐나다에서는 직업에 대한 인식구조가 우리나라와 달랐다. 우리나라에서는 직업에 따라 암묵적으로 사회 등급이 나뉘는 느낌을 받는다. 그러나 캐나다에서는 청소부도 자신의 직업에 대한 자존심이 높았다.

"당신 일을 돕고 싶다. 그러면 먹을 걸 좀 얻을 수 있는가?"

짧은 영어로 겨우 물었지만 청소 조금 하는 게 뭐 그리 어렵겠냐고 내심 쉽게 생각한 것도 있었다. 그러나 돌아온 대답은 예상과 달랐다.

"내 일이 쉽게 보이나? 전문적이지 않은 것 같아? 네가 하고 싶다고만 하면 언제든 이걸 당장 할 수 있을 것 같나?"

오히려 화를 내며 나를 혼냈다. 자신의 일에 대한 자부심이 높은 캐나다 청소부에게 혼쭐이 났지만 그래도 어떻게 해서든 일자리를 구하려는 노력을 멈추지 않았다. 그러나 아무리 애를 써도 일을 구하기가 어려웠다. 다들 비슷한 말을 했다. 우리는 직업으로 하고 있는 일을 네가 지금 할 수 있다고 말하는 건데 그런 식으로 여행하는 건 바람직하지 않다고 했다. 차라리 구걸을 하는 게 어떠냐는 말을 했다.

배고픔을 참으며 길가에 멍하니 서 있는데 노숙자들이 눈에 띄었다.

자연스레 노숙자들을 관찰했다. 우리나라에도 노숙자가 많지만 캐나다에도 노숙자가 많다. 다른 점은 그들은 공공연한 장소에서도 당당하게 활보한다는 것이다. 편의점 앞이나 대로변에서 구걸하기도 한다. 잠시 동안이었지만 그들과 함께 생활한 적도 있었다. 노숙자도 꽤 괜찮았다! 피자가 먹고 싶으면 피자 집 앞에 있으면 되고, 커피가 마시고 싶으면 카페 앞에 있으면 된다. 노동을 대가로 먹을 걸 구하려 했을 때보다 훨씬 쉽게 먹을 걸 구할 수 있었다.

노숙자들은 처마 밑이나 청소함 같은 곳에 몰려가서 잠을 잤다. 그들을 따라 자기도 하고, 때로는 그들이 피워 놓은 모닥불 주위에 끼어 앉기도 했다. 너무 추울 때는 밤에 술을 먹고, 낮에 잠을 청하기도 했다. 그러나 두꺼운 점퍼 하나로 추운 겨울에 노숙하는 일은 정말 한계를 넘어서는 일이었다.

결국 돈을 들이지 않고 밖에서 자는 일을 포기하고 제일 저렴한 숙소를 찾았다. 프랑스인과 대만인이 같이 사는 곳이었는데 며칠 지나지 않아 서러움이 몰려왔다. 말이 통하지 않아서였다. 대놓고 인종차별을 받지는 않았지만 바보가 된 듯했다. 그곳에서 나는 투명인간이었다. 말로 표현하기 어려운 복잡한 기분이 들었다.

기분이 다운된 상태에서 집에 전화를 했는데 어머니가 받으셨다. 어머니 목소리를 듣자마자 울음이 복받쳐 말이 제대로 이어지지 않았다.

차마 크게 소리 내고 울 수 없어서 끙끙 앓는 소리로 울음을 삼켰다. 내 속에 그런 울음이 있다는 사실도 처음 알았다. 당장이라도 집으로 돌아가고 싶었지만 다시 마음을 다잡았다. 무엇인지 몰라도 나를 자꾸 무너뜨리고 약하게 만드는 엄청난 힘과 싸우고 있는 것 같았다.

돈을 좀 더 써서 다시 잠잘 곳을 구했다. 옆방엔 한인 유학생이 살고 있었다. 지방에서 꽤 잘 사는 집 아들이었는데 유학을 와서 대학교에는 들어갔지만 졸업이 어려워 시간만 보내는 듯했다. 졸업 시험을 보긴 했지만 계속 통과를 못해서 포기한 듯 보였다. 한국 예능 프로그램을 반복해서 보는 일로 하루를 보내고 있었다. 집에 차마 말은 못하고 하루하루를 버티는 모양이었다. 밖에 잘 나가지도, 음식을 제대로 먹지도 않았다. 텔레비전을 보고 콜라를 마시며 창밖을 보는 게 전부였다.

사람들이 잠시 머물다 떠나기 때문이었는지 처음에는 나와 말도 섞지 않았다. 나중에 사정을 알게 되어 안타까운 마음이 들었지만 무기력하게 시간만 때우는 그가 답답했다. 집안에 틀어박힌 그는 자신만의 울타리 안에서 나오지 못하고 있었다. 그도 처음 캐나다에 왔을 땐 이런 모습이 아니었을 것이다. 용기와 희망에 부풀어 매일 아침 집을 나설 때마다 밝은 미소를 지었을 것이다. 그러나 지금은 하루하루 죽지 못해 살아가는 것과 다름없어 보였다.

도전은커녕 시도하는 일마다 실패로 돌아오는 캐나다에 계속 있다가는 나도 그처럼 나만의 울타리에 갇힐지도 모른다는 두려움이 엄습했다. 비상금으로 가져왔던 돈도 거의 다 떨어져갔다. 돌아갈 비행기 표를 살 돈도 없었다. 이 집에서조차 쫓겨나면 국제 미아나 불법 체류자가 될지도 몰랐다. 나는 한 번도 경험한 적 없던 나락으로 떨어졌다. 자존심, 배짱, 고집도 완전히 깨져버렸다. 남은 거라고는 살아야겠다는 생각뿐이었다. 아무 의미 없이 시간만 흘러가고 있었다. 하루는 레스토랑 앞 쓰레기통 위에 놓인 베이글을 먹으며, 혼잣말을 했다.

'나는 왜 여기 이러고 있지? 왜 버티고 있지?'

혼잣말하는 시간이 자꾸 늘어갔다. 이러다 미치는 게 아닌지 덜컥 겁이 났다. 제일 힘들었던 건 누군가와 친구가 되어 함께 시간을 보낼 수 없다는 것이었다. 나중에는 혼잣말만으로는 안 돼서 나무와 꽃과 대화하는 나를 발견했다. 정신이 번쩍 들었다. 이러다 미치거나 죽을 수도 있겠다 싶었다. 어떻게든 살아야 했다. 절박한 심정으로 아는 사람들 모두에게 메일을 썼다. 다행히 한 친구가 숙식을 제공해줄 테니 필리핀에 와서 일하라는 답신과 함께 비행기 티켓을 보냈다.

캐나다를 도망치듯 떠나던 날, 멍한 상태로 비행기를 기다렸다. 내가 아는 모든 게 무너진 기분이 들었다. 계획도, 관계도 무엇 하나 가능한 일이 없었다. 더 충격적이었던 건 나중에는 스스로 무언가를 하려는 시도조차 하지 않으며 무기력하게 지냈다는 사실이었다. 시도할 때마다 매번 벽에 부딪혔고, 그 벽을 부수려 했지만 나만 깨지는 상황이 반복되자 나도 깨닫지 못하는 사이에 감정 기복이 심해지고 우울한 상태에 빠졌던 것이다.

그러나 다행히 신은 내게 커다란 선물을 주셨다. 망각이란 선물이었다. 필리핀 생활이 시작되고 따뜻하고 낙천적인 곳에서 지내다보니 캐나다에서 느꼈던 좌절도 서서히 잊을 수 있었다. 돌이켜 생각해보니 캐나다는 내게 특정한 장소라기보다 '넘지 못한 벽'이었다. 내 인생의 바닥이었고 실패만 연속으로 겪었던 고통의 장소였다. 그 벽을 넘지 못하면 다른 어떤 것도 넘지 못할 것 같았다. 그래서 나는 다시 캐나다에 가야겠다고 생각했다. 이번에는 시간을 들여 충분히 휴식을 취하며 여행 준비를 했다.

필리핀에서 2달 반을 지내면서 300만 원을 모았다. 차근차근 캐나다에 갈 준비를 했다. 이번에는 두 번째니까, 그곳을 아니까, 자신감도 올라갔다. 캐나다라는 벽을 넘지 못하면 세계 여행도 깨끗하게 포기하기로 마음먹었다.

그동안 국내와 일본 무전여행을 통해 많은 걸 깨달았다고 자부했다. 그 경험을 통해 더 나은 자신이 되었다고, 그래서 더 넓은 세계에 나가 더 많은 걸 얻어야겠다고 결심했다. 그런데 캐나다에서는 자신이 얼마나 보잘것없는 존재인지 확인하면서 깊은 좌절과 절망만을 맛보았다.

그 충격이 어찌나 컸던지 정신적인 붕괴 직전의 상태까지 이르렀다. 그때 완전히 무너지지 않았던 건 내 자신의 내면 깊은 곳에서 나오는 외침, 살아야 한다는 외침 덕분이었다.

이때 경험으로 내면에서 구조 요청이 들려올 때는 외면하면 안 된다는 걸 알았다. 아무리 힘든 일을 겪어도 다시 일어설 힘이 내 안에 있다는 사실도 깨달았다. 사방에 막힌 벽과 바닥만 보일 때는 고개를 들어 위를 바라보면 다른 길이 열렸다. 나는 심호흡을 하면서 때를 기다렸다. 그리고 다시 도전할 기회를 만났다.

한 번 실패가
영원한 실패는 아니야

터무니없는 이야기라고 웃을지도
모르겠지만 여행을 통해 이루고 싶은 '로망' 중 하나가 비행기나 길에
서 우연히 만난 사람이 엄청난 부자여서 그의 집에 초대받는, 영화 같
은 일을 경험하는 일이었다. 캐나다 공항에 도착해 호기롭게 주변을 둘
러보다가 부자라고 생각되는 중국 아주머니에게 말을 걸었지만 기대와
달리 대화 몇 마디 나누는 걸로 싱겁게 끝나고 말았다.

공항에서 나와 밴쿠버로 향했다. 무전여행이니까 300만 원이나 수
중에 있으면 안 된다는 단순한(지금 생각해보면 한심할 정도로 어이없는)
생각에 200만 원가량의 돈을 지불하고 괜찮은 방부터 하나 렌트했다.
1달 정도 머물 예정이었다. 시차 적응을 하느라 한 3일 정도 자고 일어
났더니 갑자기 전기와 난방이 안 됐다.

속은 것이었다. 안시준이라는 호구 하나를 받아놓고 도망친 계약자
는 연락 두절이었다. 렌트비와 각종 명목으로 받은 돈을 챙겨서 사라지

기로 작정한 방 주인을 찾는 일은 불가능했다. 그나마 다행인 건 그 숙소에 머물 수 있는 기간이 아직 남아 있다는 사실이었다. 전기와 가스 등은 모두 끊긴 상태였다.

며칠 지내다보니 꾀가 생겨서 복도에 있는 전기를 끌어다 스탠드 하나를 켰지만 몇 시간 후 관리인이 와서 난리를 치는 바람에 그것도 못하게 되었다. 그러나 이가 없으면 잇몸으로 산다고 하지 않던가. 아무것도 없는 와중에도 아이디어가 하나씩 떠올랐다. 온수를 틀고 자는 것이었다. 스팀으로 인해 방안이 따뜻해졌다. 첫날은 괜찮았는데 둘째 날부터는 천장에서 물이 떨어져서 다른 방안을 강구하지 않으면 안 됐다.

그 집에는 나 말고도 사기를 당한 사람이 1명 더 있었는데 나보다 형이었다. 다행히 그에게 라면과 소주가 있었다. 자기 돈도 다 털린 상태였으면서도 내게 라면과 소주를 나눠주었다. 그러나 그도 결국 2주일을 버티더니 아무래도 안 되겠다며 다른 곳을 구하겠다고 나갔다.

유야무야 시간이 지나 그곳에서도 쫓겨났다. 낮에는 도서관에서 시간을 보내고 밤에는 여기저기를 방황했다. 하루는 도서관에서 여행 관련 책을 보다가 기절했다. 사람들이 놀라서 모여들었다.

"괜찮아요? 누가 앰뷸런스 좀 불러!"

"아…… 아니에요. 괜찮아요."

그 순간 내 머릿속에서는 누군가가 말해준 이야기가 떠올랐다. 캐나다에서 앰뷸런스를 부르면 돈을 지불해야 한다는 사실이었다.

겨우 일어나서 기다시피 화장실로 갔다. 온몸에서 땀이 비 오듯 흐르고, 오한이 들었다. 바닥에 자꾸 눕고 싶어서 화장실 변기에 쭈그리고 앉았다. 내가 왜 다시 캐나다에 왔나, 이렇게 죽는 건가, 별별 생각이 다 들었다. 죽을힘을 다해 일어났다. 딱 한 사람이 생각났다. 사기를 당했던 집에서 며칠 함께 지냈던 형에게 전화를 걸었다.

"형, 저예요. 저 좀 살려주세요."

"너 어디야? 꼼짝 말고 있어."

남이나 마찬가지인 나를 위해 형은 한걸음에 달려와주었다. 그 날 우리는 1인 분에 2.5달러짜리 대패 삼겹살을 사서 말없이 먹었다. 한동안 형이 구한 방에 얹혀살며 사기를 친 사람을 찾으러 다녔다. 형은 무모한 짓이라고 했다. 모래사장에서 바늘을 찾는 심정이었다.

그런데 놀라운 일이 일어났다. 중국 마트에서 그 사람을 찾은 것이다. 그도 놀랐는지 도망갈 생각도 하지 않았다. 돈을 다 돌려받지는 못했지만 20만 원은 받을 수 있었다. 그 돈으로 형에게 며칠 치 방값을 내고 한숨 돌리고 나자 머리가 돌기 시작했다. 어떻게 하면 돈을 벌 수 있을까 궁리하다가 사기당한 일을 떠올렸다.

'그래, 집이다, 집!'

살고 있던 곳이 방이 4개였는데 한 사람이 나가게 되었다. 형과 함께

있는 돈을 모아서 이곳을 통째로 빌려 셰어 하우스를 시작하면 괜찮겠다고 생각했다. 일은 어렵지 않았다. 형은 홈페이지를 통해 접수를 받고, 나는 운영을 맡기로 했다. 형과 나는 작은 방에서 같이 생활하고 나머지 3개의 방을 렌트해주었다. 몇몇 사람들이 들어와서 며칠간 머물렀다. 떠날 줄 알았던 그들은 다른 도시로 가지 않고 그곳에 더 머물기를 원했다. 1달 반 정도가 지나자 제법 돈이 모였다. 돈이 모이자 1채를 더 빌렸다. 사업(?)은 점점 번창해서 3채까지 운영하게 되었다.

3채까지 늘어나자 잠깐 들른 가난한 여행자에게 각자 하나씩 맡아서 민박을 운영해보자고 권했다. 마침 밴쿠버 동계올림픽 시즌을 앞두고 있었다. 동계올림픽 시즌은 캐나다 숙박업계의 최대 호황기였다. 겨울이 오기 훨씬 전부터 그런 흐름이 느껴지기 시작했다. 3달 전부터 렌트 사업을 전문적으로 하는 사람들이 모여들었다. 그들은 콘도나 주상복합을 건물 채 빌려 운영했다. 나중에 우리 숙소를 원하는 업체가 나타나서 통으로 넘기고 나니 제법 큰돈이 남았다.

처음 왔을 땐 견디지 못하고 도망치듯 떠났던 캐나다였지만 두 번째는 이집 저집에서 골라 잘 수 있는 상황까지 만들었다. 캐나다에 두 번째 발을 디뎠을 때 적응을 할 수 있었던 이유는 내 곁에 누군가 있었기 때문이었다. 말이 통하는 사람이 있다는 건 엄청나게 힘이 되는 일이다. 또 한 가지, 돈을 벌 수 있는 수입원을 제대로 찾은 덕분이었다. 밴쿠버에서는 일을 구하는 것도, 물건을 사고파는 것도 녹록치 않았다. 사기를 당한 경험 덕분에 셰어 하우스로 눈을 돌렸으니 인생사 새옹지마라는 말을 실감났다.

첫 번째 여행에서 처절하게 깨졌던 마음이 셰어 하우스를 운영하면서 회복되었다. 돈을 모을 수 있는 것도 행운이었지만 누군가와 함께 운영을 하고 새로운 사람을 만난다는 게 더 즐거웠다. 상황에 맞게 생각을 바꾸고 다른 걸 바라볼 줄 아는 유연함도 생겼다. 특히 생각의 유연함을 배운 건 큰 소득이었다. 고집대로 뚝심 있게 밀고 나갔을 때 성공했던 적도 있지만, 같은 방법으로 도전해도 잘되지 않을 땐 방식을 바꾸는 게 낫다. A에서 B로 갈 때 한 가지 방법만 알고 있는 것보다 여러 가지 방법을 알고 있는 게 확실히 도움이 된다.

시원한 마음으로 다음 여행지로 떠날 준비를 했다. 셰어 하우스를 운영하면서 번 돈의 대부분은 형에게 주고 남은 돈으로 중고 자동차를 샀다. 돈에 욕심은 생기지 않았다. 무전여행은 더 많은 세상을 경험하기 위해서 선택한 방식이었고, 돈은 필요하면 다시 모을 수 있다는 생각이 들었다. 돈이 거의 없는 상태로 지낼 때가 더 많았기에 생존에 대한 두려움은 사라진 지 오래였다. 마침 함께 여행을 떠날 동행도 생겼다. 다음 목표는 미국 횡단이었다.

고정관념을 깨준
라스베이거스

내게 '미국' 하면 떠오르는 이미지는 총이었다. 총기 사고에 대한 기사를 자주 접한 탓이었다. 미국은 영화에서처럼 총소리가 난무하는 무서운 곳으로만 생각되었다. 그런데 막상 여행을 떠나자 미국은 전혀 다르게 다가왔다. 재미있고, 심지어 다정하다는 느낌마저 들었다.

200만 원짜리 중고차를 사서 보험을 들고 동행자와 함께 미국으로 갔다. 자동차는 남미까지 가지고 가서 중고로 팔아버릴 생각이었다. 여행은 순탄했다. 시애틀을 거쳐 포틀랜드에서 내려가면서 팔로알토에 위치한 구글 본사에 들렀다. 미국에 가기 전부터 꼭 한 번 들르리라 마음먹은 곳이었다.

구글은 우리나라 취업준비생들에게도 몇 년째 일하고 싶은 회사 1위에 뽑히는 곳이다. 이세돌과 격돌을 벌였던 알파고를 탄생시킨 곳이기도 하다. 구글 본사는 회사가 아니라 대학 캠퍼스 같은 분위기를 풍기고 있어 '구글 캠퍼스'라고 불리기도 한다. 구글은 직원이 자유롭고 편하게 일할 수 있는 환경을 마련해서 갖가지 아이디어를 창출할 수 있도록 돕고 있다.

안으로 들어가니 높은 건물이 없어서 장소 자체가 탁 트여 보였다. 그러나 하필이면 찾아간 날이 추수감사절이었다. 직원들은 당연히 출근하지 않았고 문도 굳게 닫혀 있었다. 들어가겠다고 강짜를 부릴 엄두도 나지 않을 정도로 경비가 삼엄해 보였다. 그중 남미인으로 보이는 경비를 보고 안에 들어가게 해달라고 무작정 부탁했다. 그의 도움으로 일부긴 했지만 내부를 구경할 수 있었다. 전체적으로 개방적이고 자유로운 분위기가 물씬 풍겼다. 공간마다 독특한 디자인과 컬러를 지니고 있었다.

비록 본사 전체를 다 보진 못했지만 일하는 공간에 대해 생각하는 계기가 되었다. 우리나라의 임원급 상사가 이런 공간을 봤다면 이런 곳에서 무슨 일을 하냐며 호통을 쳤을지도 모를 일이다. 우리나라 회사원들은 대체로 상사의 눈치를 보며 일한다. 유교문화의 틀 안에서 오랫동안 수직관계가 지속돼왔기 때문에 상사의 눈치에서 벗어나기는 상당히 어렵다. 나 또한 이곳을 둘러보며 내가 얼마나 타인의 시선을 의식하며 살고 있었는지 새삼 깨달았다.

여행의 좋은 점은 자신이 낯선 장소에 가 있다는 사실이다. 그것 자체만으로 왠지 모를 해방감이 느껴진다. 눈치 볼 것 없이 자신이 하고 싶은 걸 해도 아무렇지도 않다. 무의식중에 욕을 내뱉어도, 옷을 벗어도 거리낌이 없는 마음일 때가 많았다. 완전히 마음이 무장해제된 곳은 라스베이거스였다. 어찌나 좋았는지 오며 가며 세 번이나 들렀다. 그때마다 상황은 달랐지만 그것마저 정해진 틀이 없는 것 같아 좋았다.

사막 위에 오직 인간의 힘으로 만들어진 도시, 라스베이거스. 이 환상의 도시는 낮보다 밤이 아름다웠다. 각종 쇼들은 지나가던 발걸음을 절로 멈추게 했다. 카지노 안의 다양한 공간은 저절로 호기심을 불러일으켰다. 신기한 게 너무 많아서 다 경험해보고 싶은 욕심마저 들었다. 특히 흥미로운 건 카지노 게임 중 무방비한 상태에서 드러나는 사람들의 다채로운 표정이었다. 게임에 빠져 있을 때 사람들의 표정은 인간의 오만가지 감정을 보여주었다.

개인적으로는 카지노의 하이라이트는 룰렛 판이라고 생각한다. 손은 빠르게 교차되고, 번호판에 돈을 놓는다. 이곳에서는 운이 좋으면 건 돈의 35배에 해당되는 돈을 벌 수도 있다. 룰렛이 돌아가고 하얀 공이 번호에 떨어지는 순간, 운명이 결정된다. 사람들이 표정이 가장 극적으로 변하는 것도 바로 이때다. 카지노에서 만난 한 친구는 이런 말을 했다.

'카지노에는 카지노 신이 있어 오직 그만이 그날 이길지 질지를 안다.'

카지노 신을 생각할 정도로 사람들이 카지노에 열광하는 이유가 돈 때문만은 아닐 것이다. 세상살이를 하면서 느꼈던 무던함이 그곳에서는 설렘으로 바뀌며 일상의 탈출을 경험하기 때문이 아닐까. 몇 번 게임을 하며 느낀 것이지만 좋은 운도 나쁜 운도 나중에 총합을 합치면 비슷했다. 크게 손해를 보지 않을 정도로 게임을 하면서 때로는 따고, 때로는 잃었다.

미국을 횡단하며 내가 두려워했던 총기 사건 같은 건 일어나지 않았다. 인종차별에 대한 걱정도 있었지만 오히려 친절한 사람들을 많이 만났다. 또 생각했던 것보다 더 재미있고, 자유가 넘쳤다.

잠자리를 해결하기 위해 자주 애용하던 스타벅스에서는 할아버지들을 많이 만났다. 스타벅스 주차장에 차를 세워 놓고 불편한 잠을 자다 아침이 되면 카페 안으로 들어가 커피 한 잔을 시켜놓고 숙면을 취하곤 했다. 나 같은 이방인처럼 할아버지들은 아침 일찍 커피를 시켜놓고, 햇살을 받으면서 잠을 자거나 자신의 소일거리를 한다. 그분들과 대화하고 즐겁게 노닥거리는 시간이 편안하고 유쾌했다.

막연하게 생각하던 미국에 대한 부정적 인식은 여행을 통해 보기 좋게 사라졌다. 오히려 나쁜 기억이 없을 정도였다. 어쩌면 여행이라는 것도 경험의 한계치 때문에 편협한 것일 수 있다. 그럼에도 불구하고 여행은 세상을 배우게 한다.

우리는 음식을 먹을 때 메뉴판을 보고 고른다. 메뉴판의 음식을 다 먹을 수는 없지만 몇 가지 음식을 골라 직접 그 맛을 음미할 수는 있다. 이처럼 여행도 모든 것을 다 볼 수는 없지만 여러 가지를 몸으로 부딪치며 경험하게 해준다. 음식이 소화되어 내 몸에 각종 영양분을 형성하듯, 여행도 내 삶에 좋은 영양분이 되어준다.

나는 무전여행이라는 무모한 방법을 선택했다. 그때는 이것이 세계와 사람들에게 가장 빠르게 다가갈 수 있는 방법이라고 생각했다. 익숙한 곳에서 벗어나 낯선 곳에 가는 일에는 어려움이 따르기 마련이다. 나 또한 그때까지 살아온 방식대로 생각하고 움직였기 때문에 타국에서는 내게 익숙했던 방법이 통하지 않을 때도 많았다. 처음엔 두렵고 좌절도 컸지만 차차 극복하고 적응해나가는 즐거움도 컸다.

나는 어렸을 때부터 적응력이 진짜 좋다는 말을 들었는데 이 말을 칭찬이라 믿으며 성장했다. 그나마 이것도 캐나다에 처음 왔을 때 와장창 무너지는 경험을 했지만 다시 캐나다에 갔을 때는 또 다른 방식으로 적응해서 잘 살아갈 수 있었다.

컨설팅을 받기 위해 찾아온 친구들을 만나서 이야기를 나눌 때마다 안타까운 생각이 드는 것도 이 부분이었다. 자신의 경험 안에서, 자신이 알고 있는 것만 보고 살아가려는 친구들이 많았다. 마치 과거에 입은 옷을 평생 벗지 않고 살아가는 듯했다. 열일곱 살 때 입은 옷으로 서른 살을 살아가는 사람도 있었다. 그들에게는 자기 울타리 안을 제외한 모든 곳이 낯선 곳이었다. 울타리 안에서 바깥세상에 나가는 걸 두려워하고 걱정한 채 머물러만 있다면 변화는 없다. 깨지고 아프더라도 새로운 환경 속에 들어가면 많은 것들을 배우고, 또 다른 가능성이 열린다.

미국의 자유로움, 놀이문화, 상상력도 이상을 꿈꾸는 사람들이 그 가능성을 믿고 현실로 만들어낸 것이다. 그런 사람들이 없었다면 볼 수 없을 세상이 미국이었다. 나는 미국을 여행하면서 이 여행을 시작한 걸 다행으로 여겼다.

흐르지 않고 고인 물은 썩기 마련이다. 나는 힘차게 흐르고 싶었다. 내 발길은 미국을 떠나 남아메리카로 향했다. 새로운 곳으로 가고 싶었다. 그때는 그곳에서 당하게 될 무시무시한 일은 까맣게 모른 채 순진한 열정만으로 가득 차 있었다.

그래도 여행은
계속된다

'세상에 어떻게 이런 일이 나에게
일어날 수 있을까?'

콜롬비아를 거쳐 남미의 두 번째 여행지였던 에콰도르에서, 살면서
겪을 수 있는 온갖 나쁜 일을 다 경험했다. 살다 살다 이렇게 많은 고난
이 한꺼번에 닥친 일은 처음이었다. 마가 꼈나 싶을 정도였다. 평생 한
번 겪기도 힘들 것 같은 일이 연속으로 일어났다. 그것도 상상도 못했던
방식으로 말이다.

에콰도르는 도로 사정이 좋지 않았다. 게다가 정류장에서 버스를 보
고 눈이 휘둥그레졌다. 폐차 직전이라고 해도 될 정도로, 아니 폐차를
해도 백 번은 더 했을 것 같은 버스였다. 그러나 선택의 여지는 없었다.
국경지대에서 페루로 넘어가야 하는 일정이어서 내키지 않아도 타긴
타야 했다. 버스 안에서 어떻게 시간을 보낼까 고민하다가 이어폰을 꺼
냈다. 노래는 김광석. 눈을 감고 하모니카 선율에 실려오는 그의 목소리

에 차차 빠져들었다.

얼마쯤 지났을까. 어느 순간 몸이 심하게 흔들렸다. 눈을 뜨니 멀미가 날 정도로 꼬불꼬불하고 가파른 언덕길을 지나는 중이었다. 과연 이 버스로 여기를 통과할 수 있을지 의심이 들었다. 게다가 저쪽에서 트럭이 오는 게 보였다.

'어, 이러다 사고 나겠는데'라고 생각한 지 얼마 되지 않아 트럭과 버스가 충돌했다. 기사 아저씨에게 소리쳐 버스를 멈출 여유도 없었다. 버스 앞쪽이 날아가고, 앞에 앉은 사람들 중에 다친 사람들이 속출했다. 펑! 하는 소리도 들렸다. 혹시라도 버스가 폭발할까봐 깨진 창문으로 빠져나오면서 모두에게 내리라고 소리쳤다. 옆자리에 앉아 있던 친구는 혼비백산한 채 숲속으로 마구 달려갔다. 나는 그 친구가 정신이 나간 줄 알고 소리쳤다.

"헤이! 왜 그러는 거야? 돌아와!"

잠시 후 그가 다시 나타났다. 펑, 하는 소리가 산적들이 터뜨린 폭탄 소리인 줄 알았다고 했다. 나를 포함해 젊은 청년 5명이 힘을 합쳐 주변을 정리했다. 버스에서 짐을 꺼내 승객들에게 건네고, 깨진 유리창을 주웠다. 상대편 트럭에 싣고 있던 엄청난 양의 옥수수 알갱이가 길가로 쏟아져 내렸다.

대충 수습을 하고나서야 사태가 눈에 보였다. 어딘지도 모르는 곳에서 버스 사고가 났는데 뒤처리를 하는 방식이 한숨이 나올 정도로 형편 없었다. 이 정도 대형 사고가 나면 병원이나 보험 시스템이 재빨리 작동 해야 하는데 할 수 있는 일이라곤 사고를 당한 승객들이 다음 차를 기 다리는 것뿐이었다.

함께 뒷수습에 나섰던 다섯 청년 중 2명은 중간에 내렸고 나와 다른 2명은 목적지가 같았다. 그중 1명이 자신도 페루에 간다며 데려다주겠 노라 했다. 에콰도르 국경 도시에서 페루에 가려면 버스를 타야 하는데 버스 정류장이 여러 개라는 소리를 들은 터라 반가웠다.

국경도시까지 무사히 갔지만 어처구니없는 사건이 하나 더 발생했 다. 타고 갔던 버스에서 내려 다른 버스로 갈아타야 하는데 확인 도장을 받아야 했다. 일행과 줄을 서서 기다리고 있노라니 국경입국소 직원으 로 보이는 사람이 돈을 내면 도장을 빨리 찍어준다고 했다. 버스를 놓치 면 낭패가 될 것 같아 우리는 15달러를 내고 서둘러 도장을 받았다.

그런데 타고 왔던 버스가 보이지 않았다. 짐은 모두 버스에 있는 상 태였다. 순간 머릿속이 하얘지며 아무 생각도 나지 않았다. 세상이 까맣 게 보였다가 노랗게 보였다 하더니 속까지 울렁거렸다. 버스의 다음 목 적지를 생각하며 얼른 옆에 있던 택시(일반 승용차로 운행하는 택시)에 올 라 탔다.

정신을 차리고 밖을 보니 불길한 예감이 들었다. 몇 번이나 목적지를 말했지만 택시 기사는 못 알아듣는 척 운전을 계속했다. 이정표를 3개쯤 보고 난 후 말로만 듣던 택시 강도를 당하고 있다는 걸 알았다. 버스에 있는 짐이 문제가 아니었다. 실제로 납치당하고 있는 상황이라는 걸 깨달았다. 눈앞에서 벌어지고 있는 이 일이 진짜 현실인지 실감나지 않았다. 뒤에 앉은 일행을 보니 패닉 상태였다.

영화처럼 운전자의 핸들을 잡고 확 꺾을 수만 있다면 그렇게 했을 것이다. 그러나 그런 건 영화에서나 일어나는 일이었다. 몸이 움직여지지 않았다. 악을 쓰며 소리 쳐도 택시가 멈추지 않자 오히려 머릿속이 차가워졌다.

'목적은 돈이리라.'

돈을 주겠다고, 얼마면 되냐고 소리쳤지만 그래도 택시 기사는 멈추지 않고 계속 달렸다. 나는 최후의 방법을 썼다. 50달러 지폐를 꺼내 찢어서 창밖으로 버렸다. 그제야 택시 기사가 미쳤냐며 날뛰었다. 기회는 왔다.

"목적지에 데려다주면 50달러를 제외한 모든 돈을 주겠다. 그러나 멈추지 않으면 나는 갖고 있는 돈을 모두 찢어서 버릴 거다."

기사는 나를 노려보더니 묵묵히 차를 돌렸다. 도착하자마자 경찰을 찾았다. 참았던 무서움이 솟구치면서 눈물이 터졌다. 울며불며 경찰에게 상황을 설명했다. 사람들이 모여들었다. 그러나 경찰도 주민들도 우

리를 멀뚱히 바라보기만 했다. 택시 기사도 잠시 상황을 보더니 재빨리 골목으로 사라져버렸다.

나중에 안 사실이지만 그곳은 강도를 많이 당하는 곳으로 유명했다. 평소 버릇대로 지역에 대해 아무런 조사도 하지 않고 갔다가 낭패를 본 것이다. 운이 좋아서 살아남았지 정말 큰일 날 뻔했다. 치안이 안 좋다는 소리는 들었지만 경찰이 그렇게까지 범죄에 무관심할 줄은 몰랐다. 강도라는 걸 뻔히 알아도 눈감는 경우가 많다고 했다.

그러나 더 기가 막혔던 건 짐과 함께 가버린 줄 알았던 버스가 도장을 찍어주는 사무소 앞에서 기다리고 있었다는 사실이었다. 순서대로 도장을 받고 버스를 탔으면 아무 일이 없었을 걸, 불안한 마음에 서두른 탓에 말도 안 되는 비극을 초래했던 것이다. 나의 어리석음에 땅을 칠 수밖에 없었다. 돈은 돈대로 쓰고, 몸과 마음은 불안과 공포를 경험한 후에 너덜너덜 만신창이가 되어 있었다.

그런데 여기서 끝이 아니었다. 페루까지 간다며 우리를 안내해주겠다던 친구가 버스터미널에 도착해서는 매표소 직원과 실랑이를 벌였다. 나와 다른 일행은 택시 사건 때문에 제정신이 아니었다. 그래도 보고 있자니 어딘가 이상하다는 생각이 들었다. 매표소 직원이 다가왔다. 영어를 할 줄 아냐며 실랑이를 하던 친구랑 어떤 사이냐고 물었다. 나는 그와 힘든 일을 겪으며 여기까지 온 걸 생각했다.

"친구야."

"친구라고? 너 가는 데까지 승합차를 타고 가면 빨리 가는데 10명이
모여야 해. 그런데 저 사람은 셋이 타고 갈 건데 비용은 너희 둘이 낼 거
라는데, 쟤 믿지 마."

매표소 직원은 그렇게 안 된다며 싸우다가 나한테 사정을 얘기해준
것이었다. 갑자기 정신이 번쩍 들었다. 그에게 다가가서 어떻게 된 일이
냐고 따졌다. 그의 표정이 돌변하더니 칼을 꺼냈다. 믿을 수가 없었다.
버스 사고가 났을 때 누구보다 헌신적으로 사람들을 돕던 사람이었다.
나는 그를 거의 영웅처럼 바라보았다. 그런데 그런 그가 지금 나를 협박
하고 있는 게 아닌가.

매표소 옆에 있던 맨발의 브라질 여행객이 그에게 욕을 하며 소리를
쳐서 사람들을 모았다. 그는 칼을 감추고 쏜살같이 달아났다. 맥이 탁
풀렸다. 어떻게 한 사람이 강도이자 영웅일 수 있는가. 머릿속이 뱅뱅
돌았다. 하루 동안 너무 많은 일을 겪었더니 갖고 있던 에너지를 다 써
버린 느낌이 들었다. 여기서 일이 하나라도 더 생기면 대처할 힘도 없을
것 같았다.

하지만 주저앉아 있을 틈이 없었다. 버스를 타고 이동하는 일이 남아
있었다. 출발 시간까지 넋을 놓고 멍하니 기다리고 있으니 마음이 조금
추슬러졌다. 사람들이 하나둘 버스를 타기 시작했다. 버스를 타는 게 무

서웠지만 두려움에 맞서 보겠다고 2층 맨 앞자리에 탔다. 생각해보면 강인한 정신력이었는지, 아니면 정신이 살짝 나가 있었던 건지 모르겠다. 앞으로 다가오는 차만 봐도 사고가 날 것처럼 무서웠다. 눈을 감고 잠을 청했다. 긴장이 조금씩 풀리면서 졸음이 몰려왔다. 쏟아지는 잠 때문에 잠시 무서움을 떨쳐낼 수 있었다.

위험한 일을 당하면서도 여행을 계속할 수 있었던 이유는 경험에서 배운 지혜가 조금이라도 있어서였다. 힘든 상황에 맞닥뜨렸을 때 생각을 거듭하고 몸을 움직이면 반드시 방법이 생겼다. 빠져나올 수 없는 상황이라고 하더라도 할 수 있는 무엇인가가 있었다. 함께 납치를 당했던 친구는 더 이상 자신이 감당할 수 있는 상황이 아니라며 결국 한국행을 택했다. 몇 년 지나 한국에서 그 친구를 만났는데 납치 사건을 아예 기억조차 못했다. 너무나 큰일이라 머릿속에서 지워버린 듯했다. 사람이 너무 어려운 일을 겪으면 기억하기보다 망각을 선택한다고 하더니 그 친구가 그랬다.

스스로 보호하기 위해 기억을 지워버리는 것처럼 위기 때마다 사람은 자신도 모르는 영향력을 발휘한다. 이런 위기관리 능력이나 기지, 지혜는 경험을 통해 체득된다. 감당할만한 어려움이었기에 극복해낼 수 있었는지도 모르지만 그 뒤로 어떤 상황에서든 판단할 수 있는 능력이 생긴 건 사실이다.

여행지에 대해 사전 조사를 전혀 하지 않는 무모함에 대해서도 반성했다. 목적지에 가기 전에 간단한 검색만 했어도 그런 위험한 상황에 빠지지 않았을 것이다. 지금도 여행지에 대해 사전 조사를 철저하게 하지는 않지만 이때의 일로 기본적인 지역 정보는 찾아보게 되었다. 그렇게 여행 방법을 바꾼 건 실제로 도움이 되었다. 정보 수집은 여행뿐만 아니라 일하는 상황에서도 언제든 도출될 수 있는 위기를 예측할 수 있는 힘이 되었다.

산전수전 다 겪은 에콰도르를 떠나 칠레로 가는 버스 안에서 나는 제발 이제는 무사히 여행하게 해달라고 신에게 간절히 빌었다. 정말로 더 이상 위험한 일을 겪고 싶지 않았다. 기도를 끝내자 이상하게 평온한 마음이 들었다. 긴장했던 마음도 느슨해졌다. 솔직히 버스 사고, 납치, 강도, 사기, 협박까지 당했는데 무슨 일이 더 생기랴, 하는 생각도 들었다. 그러나 인생은 예측불허, 그래서 생은 의미를 갖는다고 했던가. 페루에서 나는 이 모든 걸 압도하는 사건을 만나고 말았다.

사람의 운은
어디까지 없을 수 있나

페루, 하면 단연 마추픽추가 떠오른다. 해발 2,400미터에 자리 잡은 마추픽추는 거대한 공중 도시이자 여행자들의 버킷리스트에 많이 포함되는 곳이다. 세계문화유산인 마추픽추를 보기 위해서 전 세계에서 사람들이 몰려든다. 최근에 우리나라의 한 방송에서 나오면서 더 유명해졌지만 오래전부터 나는 그곳을 꼭 한 번 가보고 싶었다. 내 관심사는 사람들이 생활하는 모습을 볼 수 있는 도시나 장소, 시스템이었기 때문에 '우주적 차원의 문명'이라고 불리는 공중 도시 마추픽추는 내게 필수 여행 코스였다.

숨어 있던 고대의 황금 도시 마추픽추가 세상에 알려지게 된 경위도 재미있다. 한 교수가 유적을 찾아 헤매다 길을 잃게 되었는데 꿈처럼 만난 어떤 아이에 이끌려 그 아이의 집에 머물게 되었다고 한다. 다음 날 아이는 자신만의 놀이터가 있다며 그곳을 교수에게 소개했다. 아이의 놀이터가 바로 마추픽추였다. 안데스의 만년설 아래에 숨겨진 전 세계인의 가슴을 뛰게 하는 곳, 생각만 해도 설렜다. 마추픽추의 수수께끼와 그 신비를 반드시 직접 경험하고 싶었다.

마추픽추 여행은 아껴둔 채, 페루의 북쪽 마을부터 여행을 시작했다. 그런데 어딘지도 모를 곳에서 지갑을 잃어버렸다. '대체 사람은 어디까지 운이 없을 수 있는 걸까?' 하는 의문마저 들었다. 그나마 여러 개의 지갑을 준비해 돈을 나눠두었던 게 다행이었다. 그래도 여행은 계속됐다. 모래 먼지가 날리는 사막을 지나 페루의 치클라요를 향해 묵묵히 나아갔다.

페루는 공용 버스터미널이라는 개념이 없다. 버스 회사마다 터미널이 있어서 타고 싶은 버스의 시간이나 가격 등을 회사마다 찾아다니며 일일이 다 비교해 알아보고 차표를 끊어야 한다. 더워 죽을 것 같은 찜질 버스와 모래 먼지는 덤이다.

사막 도시인 치클라요는 적막했다. 집들이 몰려 있어도 사람 그림자 하나 보이지 않았다. 에콰도르에서의 경험 덕분에 내 손에는 여행 책자가 들려 있었다. 책 속에 나와 있는 중심가를 가리키며 물었지만 '거기'가 '여기'란다. 의사소통이 될만한 사람을 붙잡고 물어봐도 정확한 답을 들을 수는 없었다.

치클라요는 사막 안의 작은 마을이었다. 중심가라고 생각해서 화려한 도시를 생각했던 건 착각이었다. 먼지와 모래로 가득한 몸을 씻기 위해 숙소부터 찾았다. 그리고 옥수수가 나오지 않는 중국요리점을 찾았다. 버스 사고를 당한 후 길가에 쏟아진 엄청난 양의 옥수수를 치운 뒤부터 옥수수에 대한 식욕이 싹 사라졌기 때문이었다.

치클라요에서 중국요리점을 발견한 나는 새삼 감탄했다. 이들이 어떤 연유로 이렇게 먼 땅까지 와서 요리를 하게 되었는지 알 수 없었지만 역시 사람에게 가장 간절한 일은 먹고사는 일이라는 생각이 들었다. 사람도 별로 없는 작은 마을에까지 와서 식당을 차린 그 생명력이 대단했다.

세계 어디를 가도 생명력을 가장 잘 느낄 수 있는 곳은 시장이다. 치클라요의 시장은 다양한 물건들로도 유명했다. 4개의 시장이 각자 커지다가 하나로 합쳐졌기 때문인지 한참을 걸어도 끝이 보이지 않았다. 각양 각종의 공산품은 물론, 처음 보는 식료품과 생활용품을 구경하는 재미가 쏠쏠했다.

치클라요의 시장은 이색적인 시장으로도 유명했다. '마녀 시장'이라고 불리기도 하는데 그만큼 이상한 물건을 많이 판다. 그런 정보를 듣고 와서인지 물건을 파는 할머니들이 먼저 눈에 띄었다. 시장 곳곳에서 독특한 냄새가 진동했는데, 시장 근처에 가기만 해도 갖가지 냄새가 섞여 묘한 풍취를 만들어냈다. 뿌연 향내 속에서 신기한 일이라도 벌어질 것 같았다. 치클라요 시장을 보는 것만으로도 이곳에 온 게 행복했다.

사실 치클라요는 단순한 시골 도시가 아니다. 고대의 황금 도시 엘도라도의 후예들이 살던 도시다. 치클라요에서 몇 십분 떨어진 곳에서 황금의 묘 중 하나인 시판 왕의 묘를 비롯한 여러 묘가 발견되었다. 시판 박물관은 페루 최고의 박물관으로 손꼽히는 곳으로 엘도라도 시대의 유물들과 그들이 살았던 모습들을 전시해놓은 곳이다. 박물관 입구 앞에서 경찰한테 모든 가방과 물건들을 맡겨야지 입장시켜준다.

박물관은 상당히 매력적이었다. 처음 들어가면 입구에서부터 영화가 상영되고 3층짜리 건물에는 그들의 과거 삶과 유물이 입체적으로 전시되어 있다. 마지막 출구 쪽으로 가면 큰 인형극을 하고 있는데 언뜻 보면 사람으로 보인다.

시장과 박물관을 본 후 백화점에 들어갔다. 처음 세워진 백화점이었는지 먼지 한 점 없이 깨끗하고 벽은 노란색으로 칠해져 있었다. 백화점에는 물건을 사는 사람보다 구경하는 사람들이 더 많았다. 사람들은 에스컬레이터 앞에서 탈까 말까 고민하다가 큰 결심 끝에 에스컬레이터에 올라타서는 신기하다며 옆 사람과 흥분해서 말을 주고받았다. 그들의 얼굴은 새로운 걸 발견한 아이처럼 기쁨에 들떠 있었다. 사람들의 순박한 모습에 저절로 미소가 나왔다.

백화점 밖으로 나오자 사이렌 소리가 들렸다. 무슨 일인지 생각하기 전에 몸이 먼저 뛸 준비를 하고 있었다. 그때 경찰차가 왔다. 우리나라

의경들이 타는 버스와 비슷했다. 경찰인지 군인인지 제복을 입은 사람들이 내리자 주변에 있던 시민들이 일제히 자리에 멈춰 섰다. 백화점 안에 있던 사람들도 그쪽을 향해 선 채 꼼짝도 안 하고 있었다. 저렇게 많은 경찰들이 와서 일사분란하게 움직이는 걸 보면 큰일이 일어난 듯했다. 테러? 살인? 어마어마한 단어들이 머릿속을 스치고 지나갔다. 몸이 통째로 얼어붙은 듯 한 발자국도 움직일 수 없었다.

일렬종대로 걷던 군인들이 한 방향으로 가더니 국기를 내렸다. 방금 전 들린 사이렌 소리는 국기를 내리기 전의 신호였고 시민 모두가 국기 하강식을 기다리고 있었던 것이다. 어이가 없어 웃음이 터졌다. 잘 생각해보면 긴장할 상황도 아니었는데 하도 힘든 일만 겪었더니 몸과 마음이 저절로 위험에 대비해 전투 태세를 취한 것이다.

나는 좀 더 긴장을 풀기로 했다. 오픈한 지 3주밖에 되지 않았다는 레스토랑에도 갔다. 사장님은 어설프고 직원들은 순박했다. 언제 다시 이곳을 방문하게 될지 모르지만 그때는 지금과는 분명 다를 터였다. 조금은 아쉽다는 마음도 들었다. 시간도 느리게 흐르는 것 같은 치클라요에서 나는 다시 느긋해졌다.

'이렇게 평화로운 치클라요에서 위험한 일이 생길 리가 없잖아.'

그러나 며칠 후 위험한 일이 진짜로 일어났다. 중국요리점에서 볶음밥을 먹고 나와서 길을 걷고 있는데 달리던 차가 끽, 하는 소리를 내더니 급정차했다. 후다닥 튀어나온 사람이 엉덩이 쪽에서 뭔가를 꺼냈다. 총이었다. 그는 반대편에서 오던 사람들을 향해 총을 쏘기 시작했다. 난데없이 시작된 총격전에 나는 미친 듯이 뛰었다. 심장이 벌렁거리고 다리가 후들거려 내가 어디로 가는지조차 자각이 없었다. 살아야 한다는 생각뿐이었다. 뒤도 돌아보지 않고 숙소로 전력 질주했다.

숙소까지 어떻게 왔는지 기억나지 않았다. 심장이 미친 듯이 뛰고 온몸이 땀으로 흠뻑 젖었다. 내 생전 눈앞에서 총격전을 볼 일이 있을 거라고는 상상도 하지 않았다. 방금 겪은 일이 영화의 한 장면처럼 실감이 나지 않기도 했지만 육체가 보여주는 공포 반응은 명백히 현실이라고 알려주었다.

문을 열고 방으로 들어서자 다리에서 힘이 풀렸다. 침대로 다가가다 말고 나는 우뚝 멈춰 섰다. 커다랗고 까만 바퀴벌레가 침대 한가운데 있다가 재빠르게 사라졌다. 설마, 지금까지 저놈과 함께 잤던 건 아니겠지? 이불 속에서 몇 마리가 더 기어 나오는 걸 보고 나도 모르게 욕이 나왔다.

여행을 떠난 후 수많은 일을 겪었다. 버스 사고도 당하고 납치에 협박까지 당했다. 그러나 이렇게 서글프고 참담한 심정이 된 건 처음이었다. 총과 바퀴벌레는 나를 바닥으로 밀어 넣기에 충분했다. 당장 심리적 안정을 취하지 않으면 먼 타국 땅에서 미칠 것만 같았다. 절실하게 누군가가 필요했다. 집에 전화를 걸었다. 전화를 받은 사람은 아버지였다. 아버지는 "여보세요" 하는 내 목소리만 듣고도 대번에 목소리가 높아졌다.

"왜 그러냐? 무슨 일 있냐?"

"아니요······."

"어디냐? 무슨 일이야?"

"······."

위험한 일을 겪었다고 말하면 당장 귀국하라고 성화일 게 뻔해서 결국 일상적인 이야기를 하고 말았다. 수화기 넘어 아버지의 숨소리를 들으며 나는 어린 시절을 떠올렸다. 아버지와 함께 처음으로 만두를 먹다가 뜨거워 만두를 떨어뜨린 일, 고집 세다고 야단을 맞던 일, 고등학교 시절에 공부 안 하고 놀러 다니는 걸 귀신처럼 아시고는 당장 집으로 내려오라고 전화하신 일 등이 마치 어제 일인 듯 하나씩 생생하게 떠올랐다. 오래 통화하지 않았지만 아버지와 대화하면서 마음이 차차 진정되는 걸 느꼈다. 전화를 끊기 전 나는 평소에 하고 싶었으나 전하지 못했던 말을 했다.

"사랑해요, 아버지."

아버지와의 관계에 소홀했던 나는 먼 페루에 와서야 아버지와 진심 어린 마음으로 통화를 했다. 방으로 돌아와 침대에 앉았다. 바퀴벌레가 다시 나온다 해도 괜찮을 듯했다. 아버지와 통화한 건 겨우 5분에 불과했다. 그러나 그 5분 동안 나는 어른이 된 것 같은 기분이 들었다. 사랑하는 사람에게 사랑한다고 말하는 것, 미안한 일을 했으면 미안하다고 사과하는 것, 고마운 마음이 들 땐 고맙다고 감사하는 것, 내가 생각한 진정한 어른이란 상대의 마음을 마주보고 제대로 말로 표현할 줄 아는 존재였다.

여행은 사람에게 마음을 표현하는 일이 얼마나 중요한 일인지 깨닫게 했다.

'아버지, 사랑해요.'

마음속으로 다시 속삭였다. 눈물이 쏟아져 내렸다. 살아 있다는 게 얼마나 감사한 일인지 강렬하게 체험한 순간이었다. 나는 다시 용기를 내어 여행을 계속하기로 결정했다. 페루에서 총격전까지 겪었으니 더 이상의 악운은 없다고 생각했다. 그러나 남미는 정말 굉장한 곳이었다. 칠레에서 겪게 될 일에 비하면 지금까지는 아이들 장난에 불과했으니 말이다.

어떤 상황에서든
행복은 선택할 수 있다

아껴두었던 마추픽추에 가지 못하
는 불상사가 일어났다. 폭우와 홍수로 마추픽추 가는 길이 2달 이상 끊
긴 것이다. 여행 일정상 페루에서 2달 이상 머물 수는 없었다. 에콰도르
만큼은 아니었지만 작은 사건 사고가 끊이지 않던 페루였다. 이미 조금
씩 깨지기 시작한 계획은 마추픽추에서마저 무너졌다. 큰일, 작은 일을
연이어 겪다보니 삶이란 건 뜻대로 되는 일보다 뜻대로 되지 않는 일이
더 많다는 걸 실감하게 되었다. 계획이나 통제를 통해 목표를 이루겠다
는 생각을 버리고 일어나는 대로 자연스럽게 상황을 받아들일 수밖에
없었다. 아쉬움이 가득했지만 마추픽추를 가지 못한 것도 받아들일 수
밖에 없는 삶의 목록 중 하나로 여겼다.

마추픽추는 가지 못했지만 페루에서 나는 매일 매일이 즐겁고 행복
했다. 소소한 행복이 늘 내 곁에 있었다. 사람들을 만나 마음을 활짝 열
고 그들의 이야기에 귀를 기울였다. 세상 사람들과 모두 친구가 된 기분

이었다. 하루는 빵집 앞에서 한국 사업가를 만나 샌드위치와 음료수를 얻어먹었다.

"칠레 갈 건데. 같이 갈래?"

"좋지요."

나는 흔쾌히 대답했다. 안 그래도 칠레로 갈 예정이었는데 좋은 동행까지 얻다니 행운이 계속되는 것 같았다. 역시 인생은 살고 볼 일이다. 죽을 고비를 넘기니 드디어 행복이 찾아왔다 싶었다. 게다가 이분은 맛있는 저녁과 와인까지 산다는 게 아닌가. 와인이라니! 남미에서 칠레산 와인은 맛있기로 소문나 있었다. 세계에서 가장 높은 곳에 위치한 호수 '티티카카'를 품고 있는 페루의 작은 도시 푸노를 뒤로 하고 일행과 함께 볼리비아로 넘어갔다.

볼리비아에서 블랙마켓을 구경하고 어슬렁거리다가 아타카마 사막에 갈 예정이었다. 블랙마켓은 말만 들으면 위험한 뒷골목의 냄새를 풍기지만 무언가를 구입하러 가는 사람에겐 전혀 위험하지 않았다. 훔쳐온 물건들을 팔긴 하지만 그곳에 가면 최고의 고객이 되어 친절한 서비스를 받을 수도 있었다.

볼리비아에서도 순탄하지는 않았다. 숙소까지 택시를 탔는데 이상하게 멀리 돌아가는 기분이 들었다. 실제로 20분 거리면 도착하는 숙소를 1시간 넘게 걸려서 겨우 도착했다. 예전 같으면 왜 이렇게 가냐며 화가 잔뜩 나서 싸우고 중간에 내렸을 텐데, 힐끔힐끔 나를 보는 택시 기사를 보며 오히려 웃음이 나왔다. 혼자 이런 생각마저 했다.

'관광객들은 도시에서 지붕 없는 2층 버스를 타고 시티 투어를 하니깐 나 역시 시티 투어하는 셈 치자. 가는 김에 저기도 한 번 가주지. 죽지 않고 데려다주는 것만 해도 어디냐.'

어마어마한 일들을 겪으며 어느 새 순응이 되어버린 모양이었다. 이렇게 생각하니 택시의 미터기가 올라가는 것도 신경 쓰이지 않았다. 상대적으로 마음은 편했다. 어차피 내가 거부할 수 없는 것들이라면 순리대로 받아들이는 게 낫다. 장기 여행자가 된 후 가장 감사한 일은 '여유'라는 삶의 선물을 받은 일이었다. 뜻하지 않은 복잡한 일을 겪어도 자연스럽게 받아들이게 되자 어디를 가고 누구를 만나도 행복지수가 올라갔다.

우리나라 사람들의 행복지수가 낮다는 건 이미 잘 알려진 얘기다. 어린이와 청소년이 가장 행복하지 않은 나라도 우리나라다. 행복지수가 높은 나라는 반드시 문명이 발달하고 편리하게 사는 나라가 아니다. 행복지수가 가장 높은 나라인 '부탄'은 히말라야 산맥에 자리 잡은 작은 나라이며 국민소득은 적지만 국민의 97퍼센트가 행복하다고 고백한다. 다른 나라가 경제성장에만 중점을 둘 때 부탄은 건강, 환경, 심리적 행복 등에 관심을 두었다. 다양한 국가 정책 안에서 사람들은 정신적 풍요로움을 느낀다.

행복을 느끼는 요인은 경제적인 것도 중요하지만 역시 마음에 달려 있다. 예전과 똑같은 상황인데도 내 마음이 달라지니 전에는 부정적이 었던 시선이 긍정적인 시선으로 바뀌었다. 오직 먹고사는 데만 신경을 쓰니 행복을 느끼는 빈도도 높아졌다. 내가 어떤 마음 상태를 유지할 것 인가, 그건 오로지 자신의 선택에 달린 문제다. 작은 일에도 억울하다고 느끼며 불행하게 다닐 것인가, 아니면 내가 어쩔 수 없는 부분을 수용하 고 소소한 행복을 느끼며 여행을 즐긴 것인가.

볼리비아를 거쳐 칠레에 도착한 후 며칠 되지 않아 저녁을 먹으러 나 갔다. 그날따라 피곤해서 일행들과 헤어져 먼저 숙소에 들어와서 일찍 잠들었다. 한참 자고 있는데 새벽에 누군가 흔들어 깨웠다. 무거운 눈꺼 풀을 들고 겨우 눈을 뜨자 천정의 일부분이 바닥으로 떨어져 내리고 있 었다. 천정뿐만이 아니었다. 바닥이 흔들리면서 뭔가 떨어지는 소리가 들렸다. 몸을 벌떡 일으켰다.

"지진이야! 무조건 밖으로 나가! 빨리!"

정신없이 밖으로 나갔다. 위 아래로 파도가 출렁이듯 춤을 추는 나무 계단 앞에서야 팬티 바람이라는 걸 깨달았다. 그러나 알몸이 아닌 걸 다 행으로 생각하며 한발 내딛었다. 나무로 된 계단이 마구 흔들리고 있었 다. 계단을 내려가기도 전에 부서져 내릴 것 같았다. 한발 내딛을 때마

다 내 몸무게까지 더해져서 삐걱삐걱 요란한 소리가 났다. 온몸이 부들
부들 떨렸다. 심장이 쪼그라드는 것 같았다.

"계단 내려가다 죽을 것 같아요."

나는 떨리는 목소리로 나를 깨운 사람에게 말했다. 아래를 내려다보
니 건물에서 쏟아져 나온 사람들이 광장으로 달려가는 게 보였다. 짐 보
따리고 뭐고 생존의 위기 앞에선 오직 나가야 한다는 생각만 들었다. 무
자비한 자연이 보여주는 공포는 그 어떤 것보다 압도적으로 무서웠다.

"죽더라도 내려가서 죽어요!"

그분은 소리치더니 앞서 내려갔다. 용기를 내어 그의 등 뒤를 따라
몇 발자국 계단을 내려갔다. 그런데 그가 갑자기 멈춰 섰다.

"이대로 내려가면 안 될 것 같아요. 바지를 입고 와야겠어요."

그는 흔들거리는 나무 계단을 다시 올라갔다. 흔들리는 나무 계단 중
간에서 그의 뒷모습을 멍하니 보았다. 정말 대단해 보였다. 이 외중에
바지라니. 무사히 내려가기만 해도 다행인데 다시 바지를 입으러 돌아
갈 생각을 할 수 있는지 입이 딱 벌어졌다. 그러나 입이 벌어질 일은 그
뿐만이 아니었다. 마당에서 일부 한국인들이 지진이 난 외중에도 술을
마시고 있는 게 아닌가. 지진으로 인해 땅이 흔들리는지도 모르고 취기
탓이라고 생각하고 있는 듯했다.

지진의 여파는 참혹했다. 길은 모두 끊기고 무너진 건물도 부지기수

였다. 음식을 구하기 위한 사람들로 마트엔 폭동이 일어나 상가뿐만 아니라 창고까지 다 털렸다. 남아 있는 먹을 거라곤 하나도 없었다. 하루라도 빨리 칠레를 떠나야겠다는 생각밖에 없었다. 비행기 값이 한두 시간 만에 서너 배씩 올랐다. 어떻게 표를 구한다 하더라도 공항도 지진 피해를 입기는 마찬가지일 테니, 비행기가 뜰 것 같지는 않았다. 복구가되려면 몇 달이 걸릴지도 모르는데 이곳에서 발목 잡힌 채 계속 여진을 느끼며 지내고 싶지는 않았다.

일행들은 어차피 당분간 칠레를 떠나긴 어려울 것 같다고 포기했다. 그러나 나는 방법이 있을 거라고 믿었다. 터미널에 갔더니 버스가 끊겼는데도 줄을 선 사람들이 있었다. 웃돈을 주면 갈 수 있다고 했다. 평소보다 4배의 돈을 더 주고 버스표를 샀다. 돈은 중요하지 않았다. 돈보다 더 중요한 건 이곳에서 벗어나서 여행을 계속하는 것이었다. 결국 버스를 타고 칠레를 겨우 빠져나올 수 있었다.

내가 겪은 칠레 지진은 세계 10대 지진에 들 정도로 엄청난 자연재해였다. 강도 8.8의 강진이었고 진앙지는 칠레의 수도인 산티아고에서 남서쪽으로 얼마 떨어지지 않은 콘셉시온이라는 곳이었다. 얼마나 규모가 컸는지 최대 먼 거리로는 브라질의 상파울루, 아르헨티나의 부에노스아이레스에서도 진동을 감지할 정도였다. 지진에 따른 광범위한 피해는 물론 700명이 넘는 사망자가 발생하였다. 1차 지진이 발생한 후에도 수백 차례에 걸쳐 여진이 몇 주 동안 이어졌다. 여진마저도 5.0 강도 이상이었다. 이 지진은 1960년 칠레에서 일어난 규모 9.5 지진 이후로 칠레에서 두 번째로 강력한 지진이었다.

나중에 그곳에 남았던 사람과 연락이 닿았는데 거의 1달을 묶여 있었다고 했다. 나는 한국인 중 유일하게 탈출한 사람이었다. 그때 현실을 직시하고 빨리 판단을 내려 칠레를 떠나지 않았다면 나는 더 큰 후유증에 시달렸을지도 모른다.

지진을 겪은 후 한동안 나는 비행기 창가 쪽에 앉지 못했다. 미세한 진동이 몸으로 느껴지기도 했고 사고가 났을 때 탈출하기 어렵다는 생각에서였다. 통로 쪽이라고 해서 흔들림이 덜한 것도 아니고 안전한 것도 아닌데도 말이다.

한국에 돌아와서도 흔들리는 곳에 있으면 안절부절못하고 식은땀이 났다. 몸에 각인된 지진의 공포는 세포 깊이 뿌리박힌 듯했다. 지금도 건물이나 지반이 미세하게 흔들리면 누구보다 민감하게 느낀다. 나중에야 이 증상이 일종의 '트라우마'라는 걸 알았다.

굳이 심리학자의 입을 빌리지 않더라도 요즘은 누구나 트라우마에 대해 잘 알고 있다. 커다란 상실, 자연재해, 학대를 오래 받은 사람들은 트라우마에 노출될 위험이 크다. 실제로는 그 일이 일어나지 않았는데도 생각하는 것만으로도 육체에서 반응이 오는 것이다.

　칠레에서 겪은 지진은 삶과 죽음에 대해 다시 한 번 되돌아보게 했다. 죽음의 위기에서 한없이 나약해지는 나 자신을 발견했지만 막상 몸으로 겪은 공포를 넘어서자 어떻게 해서든 살아야 한다는 생존 의지가 어느 때보다 강하게 솟구치는 것도 느꼈다. 내 안에는 강한 마음과 약한 마음이 동시에 존재했던 것이다.

　나는 칠레에서 벗어나 다시 길을 떠났다. 길을 걷다가도 자주 뒤돌아보곤 했다. 3달이라는 시간 동안 버스 사고, 납치와 강도, 지진까지 겪었다. 그 밖에 크고 작은 일까지 합치면 매일 사건, 사고의 연속이었다.

　그러나 동시에 나는 굉장히 행복했다. 많은 것들을 수용함으로써 풍요로워지는 마음을 발견하고 삶 속에 숨어 있는 소소한 즐거움을 누렸다. 아름다운 자연을 보면서 세상이 얼마나 오묘하고 신비로운지 가슴 벅찬 감동도 느꼈다.

　사람은 살아가면서 받아들이고 싶지 않을 정도로 나쁜 상황과 맞닥뜨릴 때가 있다. 정면으로 돌파하기보다는 돌아가거나 회피하고 싶은 마음도 든다. 하지만 상황을 있는 그대로 받아들이고 바라보는 용기가 필요할 때도 있다. 어쨌든 한 가지만은 확실하다. 어떤 상황에서도 행복을 선택할 수 있다는 것이다.

　나는 칠레를 떠나 아르헨티나, 브라질 등으로 남미 여행을 계속했다. 그중에서 가장 마음에 드는 곳을 꼽으라면 아르헨티나다. 남미의 마지막 여행지였던 이유도 있었지만 마음이 왠지 푸근해지는 곳이어서 몇 년 동안 머무르며 살 수 있을 것 같다는 생각마저 들었다. 잠시 아르헨 티나에 눌러 앉을까도 고민했지만 나는 신발 끈을 다시 묶었다. 아직 나의 여행은 끝나지 않았다. 나의 다음 여행지는 유럽이었다.

50유로 이상이면
뭐든지 한다!

조금은 역설적으로 들릴지도 모르 겠지만, 내 상상을 초월했던 남미는 극한 상태에서도 정신적 여유를 누린 곳이었다. 그러나 남미를 떠나 유럽으로 가게 되자 당장 현실적인 문제에 부딪쳤다. 자금 고갈의 압박이 만만치 않게 다가왔다. 일단 유럽 지도부터 펼쳐놓았다. 한참을 들여다보며 유럽에서 어디를 갈 것인지 고민했다. 런던, 파리, 베를린 등 유명 도시가 눈에 들어왔지만 나는 물가가 비싼 북쪽보다 남쪽을 눈여겨보았다. 그리고 최종적으로 스페인으로 가기로 결정했다.

아르헨티나를 떠나 스페인으로 향하는 비행기 안에서 만감이 교차했다. 필리핀에서 다시 캐나다로 떠났던 일도 생각나고 미국 횡단과 남미에서 겪은 일들도 떠올랐다. 대륙을 이동하는 여행을 할 때면 지난 여행이 아득하게 여겨지곤 했다. 나는 유럽에서 어떤 일을 경험하게 될지 설렘과 흥분 속에서 잠을 이루지 못했다. 게다가 내가 가고 있는 곳은 정열의 나라 스페인이었다.

'환상적인 여행이 되기를!'

기대에 가득 차서 스페인에 도착했지만 정열의 나라 스페인은 나처
럼 경제난에 시달리고 있었다. 실망과 아쉬움이 교차했다. 스페인과 포
르투갈에서 오래 머물지는 못했다. 있는 돈, 없는 돈 탈탈 긁어 쓰고 이
탈리아로 갔다. 베네치아에서 피렌체로 이동했는데 진짜 돈이 없었다.
그러나 내게는 숨겨진 필살기가 있었다. 한국에 있는 친구였다. 경제적
으로 여유가 있는 그에게 여행을 떠나기 전 미리 부탁해두었던 것이다.

"언젠가 내가 여행 중에 너에게 전화를 걸지 몰라. 그땐 꼭 받아줘야
한다."

"알았다, 알았어."

"너에게 전화를 한다는 건 내가 돈이 필요하다는 뜻이고."

"하하하, 알았다니까. 걱정 말고 힘들 땐 전화나 해."

위급한 상황에서 보험처럼 생각되는 친구였다. 딱 한 번만 신세질 생
각이었다. 수없이 급한 상황에서도 그 친구에게 전화하는 건 미루었다.
최대한 해결할 수 있는 방법을 찾아보고 정말로 죽을 만큼 급할 때 전
화할 생각이었다. 그리고 전화를 해야 할 때가 바로 지금이었다. 전화를
걸었다. 신호가 가는데 받지 않았다. 못 받을만한 상황인가 싶어 다음
날 다시 걸었다. 그러나 이번에도 받지 않았다. 그 다음 날도 마찬가지

였다. 쥐고 있던 동아줄이 뚝 끊기는 것 같았다.

"저 좀 살려주세요!"

하도 답답해서 하늘을 보면서 기도까지 했다. 궁하면 통한다고 했던 가. 어떻게 돈을 구하나 궁리를 하다가 길거리에서 한국 드라마가 담긴 CD를 팔기 시작했다. 생각보다 장사가 잘되지 않았다. 하루에 20유로 밖에 벌지 못해서 이건 아니다 싶었다. 그러나 앞뒤 사정 볼 것 없이 돈을 벌어야 했다. 만나는 한국 사람마다 붙잡고 물었다.

"도와줄 일 없어요? 가이드 필요하지 않아요?"

운 좋게도 제약회사에 다닌다는 분의 가이드를 하게 되었다. 그런 식으로 가이드를 하면서 돈을 벌기 시작했다. 그런데 일하다보니 가이드 수입이 일정하지 않았다. 기준을 정해두지 않고 돈을 주는 대로 받아서였다. 어떤 사람은 적게 주고, 어떤 사람은 큰돈을 주기도 했다. 가이드 일당으로 얼마를 받을 것인지 기준을 정해야 했다.

"50유로 이상이면 뭐든지 한다!"

당시 50유로면 우리나라 돈으로 7만 5,000원쯤 되었다. 그때 처음으로 내 몸값에 대해서 생각했다. 나란 사람이 일하고 받을 수 있는 대가를 최대한 객관적으로 평가해보려고 애썼다. 가끔 누군가는 내가 사기꾼은 아닌지 확인하고자 은근히 돌려서 묻기도 했다.

"50유로를 받는 이유가 있어요?"

"하루 종일 일하고 20유로 받을 때도 있고, 어떤 날은 100유로 혹은 150유로를 받을 때도 있어 하루 일당을 무조건 50유로로 정했습니다."

사실 그대로 이야기를 했더니 대개는 믿어주었다. 위기를 모면하기 위해 기지를 발휘할 때도 있었지만 나는 최대한 정직한 태도를 고수했다. 그래야 자신에게 떳떳했기 때문이다. 가식으로 순간은 모면할 수 있을지 모르지만 종국에는 바닥이 드러나게 마련이다. 50유로가 하루 일당이라는 내 말을 수긍하는 사람들을 보며 나의 진정성이 전달된 것 같아 기분이 좋았다.

유럽에선 경비를 충당하기 위해 닥치는 대로 일했다. 이탈리아를 떠나 독일로 갔을 때는 구매 대행도 했다. 독일은 약품이 한국보다 쌌다. 주로 아토피 관련 제품을 구매 대행했다. 박람회나 학회 같은 행사에 한국 교수님들이 오시면 도와드리며 아르바이트를 하기도 했다. 어떤 사람들은 여행을 가서 이런 일들을 했다고 얘기하면 이렇게 묻곤 했다.

"아니, 돈을 벌려고 해도 뭐가 보여야 하지. 하는 사람이나 할 수 있는 거 아냐?"

그럴 때마다 나는 아니라고 말한다. 찾으면 누구한테든 보인다. 다만 좀 더 생각하지 않고, 상대의 이야기를 들으려 하지 않기 때문이다.

"너야 배짱이 좋으니까, 도전 정신이 있으니까."

누군가 이렇게 말한다면 할 말이 없다. 당시 용감하게 다양한 시도를 할 수 있었던 건 하루하루 먹고사는 일이 절박해서였는지도 모른다. 이유야 어쨌든 한 가지는 확실하다. 시도하지 않으면 어떤 결과도 생기지 않는다. 밑져야 본전이라는 말도 있듯, 좋은 결과든 나쁜 결과든 용기내서 도전하면 안 하는 것보다 훨씬 배우는 게 많다.

수없이 많은 시행착오를 거치며 알게 된 노하우를 공개하자면 '자신의 이야기'를 솔직하게 말하는 것이다. 사람들의 마음을 여는 데 솔직한 이야기만큼 효과적인 건 없다. 자신이 경험한 이야기를 들려주면 사람들은 마음을 열고 관심을 갖고, 공감한다. '여기에 와서 얼마 머물렀는데 어디어디가 좋더라', '어느 음식점에서 줄을 많이 서더라' 같은 정보를 얘기해주면 의외로 잘 통한다. 그 땅에 처음 발을 들인 초보자보다 기껏해야 조금 나은 초보자라도 신뢰와 안심을 주는 모양이다. 내가 솔직하고 투명하면 상대도 똑같이 느낀다.

유럽 여행을 통해 나는 이후의 삶에도 적용할 삶의 태도를 지니게 되었다. '작은 일에도 최선을 다한다, 자신감을 갖고 도전한다, 진정성을 갖고 부딪친다, 못하는 일은 솔직하게 인정한다'가 그것이다. 이런 태도는 어떤 상황에서 어떤 누구를 만나더라도 큰 힘이 되어주었다.

세상을 돌아보고
아이디어를 얻는 여행

유럽은 가는 곳마다 유명 관광지가 많다. 당연히 이른 아침부터 사람들이 몰려든다. 하지만 나는 사람들이 꼭 갈만한 곳은 오히려 피해 다녔다. 유명한 곳이든 아니든 특정한 장소에 가게 될 때 그곳에 대한 세심한 조사를 따로 하지도 않았다. 사전 조사를 하지 않아서 큰일을 한 번 겪은 후부터 조금은 미리 조사를 하지만 자세하게 조사하고 가는 여행보단 우연히 맞닥뜨리는 여행을 선호하는 건 여전하다.

나는 여행지에 도착한 첫날은 가방을 놓고 무조건 나가서 곳곳을 산책하고, 사람들을 만난다. 서점에 들러 책도 보고 내가 가고 싶은 곳이나 다른 나라에서 보지 못했던 곳을 체크한다. 가끔 사람들은 나에게 묻는다. 왜 그러고 다니냐고. 관광지 역시 그 도시의 일부분이지만 난 그 도시의 사람들이 더 보고 싶었다. 그들이 생활하는 모습 말이다. 환경이나 문화권에 따라서 다르게 사는 모습을 보는 게 좋았다. 누군가는 영화를 보러 가기 전에 줄거리와 등장인물, 배우에 대해 알고 가는 사람이 있고 누군가는 아무 준비 없이 간다. 나는 그저 후자에 속할 뿐이다. 내가 상상했던 것과 다르면 더욱 짜릿함을 느낀다. 상상했던 대로일지, 상상에서 완전히 벗어난 곳일지 기대하는 것도 커다란 즐거움이다.

유명한 곳에 가게 되더라도 나만의 감상법이 있다. 예를 들어 유명 미술관에 가면, 사람들은 작품을 보지만 나는 미술관의 시스템을 본다. 미술관의 거대함과 작품량은 압도적이다. 수없이 많은 사람들이 드나드는데도 별다른 사고 없이 운영되는 미술관은 틀림없이 시스템을 잘 갖추고 있는 곳이다. 그런 면에 흥분하는 것도 내 별난 취향이다.

사람마다 자신에게 어울리는 옷이 있다. 다른 사람의 패션 스타일을 한껏 흉내 내도 나와는 어울리지 않는다. 치수보다 크거나 작은 옷을 입을 때도 마찬가지다. 자신에게 맞는 옷을 입어야 활동하기에도 편하고 마음도 편하다. 내 여행 스타일은 내게 잘 맞는 옷처럼 편안하다. 강연이나 컨설팅에서 젊은 친구들을 만나면 그들은 내게 이렇게 묻는다.

"무전여행을 가는 편이 나을까요?"

내 대답은 늘 한결같다.

"가도 되지만 추천은 하지 않습니다."

무조건 하는 게 좋다는 대답을 들을 줄 알았는데 그와 다른 대답을 듣고는 의외라는 표정을 짓는다. 물론 무전여행은 본인의 노력 여하에 따라 많은 걸 경험하고 얻을 수 있는 기회를 준다. 그러나 여행은 자신에게 도움이 되려고 가는 것이다. 누가 좋다고 해서 그 방식대로 따르면 여행 내내 고통일 수도 있다.

내가 무전여행을 통해 삶의 방향을 세우고 현재하고 있는 일을 찾은 건 사실이다. 그러나 나처럼 사전에 제대로 된 정보도 없이 막 다니다보면 사람들이 보고 싶어 하는 관광지나 축제를 경험할 수는 없다. 나와 함께 다니던 사람들 중 누군가는 지치고 힘들어서 중간에 돌아가기도 했다. 부족한 나 때문에 그들과 갈등을 겪을 때는 정말 괴로웠다.

여행도 자기만의 방식으로 가야 그곳의 시간과 공간을 제대로 즐길 수 있다. 패키지여행이든 자전거 여행이든 무전여행이든 어떤 여행이 자신과 맞는 방식인지 꼭 생각해보자. 패키지여행이 편해서 좋다는 말만 듣고 따라갔다가 하루 종일 이동하느라 지치고 쇼핑센터에서 쓸데없이 시간을 낭비하는 일로 짜증만 치밀 수 있다. 친구와 함께 간 여행이 좋았다고 해서 무조건 동행을 구했다가 낭패를 보기도 한다. 라이프스타일이 다른 사람과의 여행은 힘든 여행에 마음의 짐을 하나 더 얻는 행위일 수 있다. 심한 경우, 여행을 함께했던 일행과 싸운 후 결별을 하고 한국에 돌아와서도 연락을 끊고 사는 일도 생긴다. 사람 때문에 괴로우면 여행이고 뭐고 집으로 돌아가고 싶은 생각만 든다.

무엇을 볼 것인지 결정하는 문제도 마찬가지다. 나는 각국에서 열리

는 축제는 거의 피해 다녔다. 진정으로 그 나라를 보여주는 맨 얼굴이 축제는 아니라고 생각했기 때문이다. 또한 한 나라를 제대로 보려면 유명한 곳이나 도시만 보는 게 아니라 전체를 봐야 한다고 생각했다. 큰 도시에서부터 작은 도시, 시골까지 돌아다니다보면 전반적인 나라의 행정이나 상태를 짐작할 수 있다. 큰 도시와 작은 도시 간에 격차가 극심한 곳도 많다. 내 경우에는 여행지에서 그런 차이를 보고, 왜 그런 현상이 생겼는지 그 이유도 생각해본다.

어느 나라를 가든 수도는 꼭 들렀다. 언젠가 도시를 디자인해보고 싶은 바람이 있었기 때문에 행정이 잘되어 있는 수도를 여행지로 선택한 것이다. 공공기관을 방문해서 곳곳을 관찰하는 일도 재미있었다.

예를 들어, 페루는 빈부격차가 큰 나라다. 빈부격차가 클수록 치안도 안 좋다. 치안 때문에 걱정하다가 긴장이 풀린 건 조깅하고 있는 사람을 봤을 때였다. 온몸에서 힘이 쭉 빠지며 내가 얼마나 긴장한 채 여행하고 있었는지 깨달았다. 무슨 일을 당할지도 모른다는 두려움이 나도 모르게 계속 몸을 경직되게 만들었던 것 같다.

내가 선택하고 결정한 여행 방식은 상황에 따라 변하기도 하고 수정도 되면서 조금씩 만들어졌다. 훗날 실제로 써먹게 될 아이디어도 많이 얻었다. 여행을 할 때면 노트를 서너 권 썼는데 노트 맨 앞장마다 이렇게 썼다.

"세상을 돌아보고 아이디어를 얻는다!"

나는 사람들의 삶과 밀접한 생활 밀착형 여행이 좋았다. 이때의 여행에서 얻은 경험이 밑거름되어 우리나라의 행정 시스템을 더 잘 볼 수 있는 눈도 생겼다.

'이건 어디 나라 시스템에서 차용했구나. 이건 어느 나라에 있던 거구나.'

처음 떠날 땐 여행이 내 삶에 이렇게 큰 영향을 미칠 줄 몰랐다. 여행은 내 삶에 중요한 이정표 역할을 했다. 최근 '청년들 도시 이민 프로젝트'에 관련된 내용을 기획·취재한다고 도움을 구하는 연락을 받았다. 누군가에게 도움을 줄 수 있는 사람이 될 수 있었던 것도 나만의 여행이 준 선물이다. 세상을 직접 경험하며 많은 걸 보았기에 다양한 사례를 근거로 아이디어를 줄 수 있는 것이다.

그러나 역시 여행이 준 가장 중요한 선물이라면 나는 딱 하나를 손꼽는다. 그건 '삶'이다. 여행을 하면서 알게 된 '갭이어'에서 아이디어를 얻어 회사를 만들고 운영하면서 많은 사람들이 자신의 삶에서 더 나은 방향을 선택할 수 있도록 돕는 일을 하게 되었다. 유럽 여행 중에 하고 싶었던 것, 사고 싶었던 것, 갖고 싶었던 것 모두가 구체적인 프로그램을 기획하는 데 큰 도움이 되었다. 프로젝트를 성사시키기 위해 외국 관계자들과 만나 이야기를 나누고 설득하고 협의를 끌어낼 때도 마찬가지다.

한 예로 나는 이탈리아를 여행하면서, 장인정신을 가지고 아주 오래 전부터 해오던 기술의 전통을 그대로 이어오고 있는 사람들을 많이 만났다. 그곳에선 보석, 도자기, 유리공예, 대리석 조각으로 악기 만들기 등 대단하고 멋진 일들이 여전히 지속되고 있었다. 그중에서 꼭 한번 배워보고 싶은 것을 발견했다. 오직 한 사람만의 반지를 만들 수 있는 반지 세공법이었다. 베네치아에 있는 리알토 다리 근처에는 많은 세공사들이 자신만의 기술과 감각으로 작품을 만들어 팔고 있었다. 인그레이빙이라는 기술 때문에 세공비가 많이 들었지만 나만의 반지를 직접 만들어보고 싶은 욕심이 생겼다. 평소 물건에 대한 욕심이 별로 없는 편이라 어떤 물건을 갖고 싶어한 것도 처음이었다. 반지는 비록 직접 만들지 못했지만 아이디어는 남았다. 나는 이때 얻은 아이디어를 이후 유럽의 장인에게 기술을 배워보는 프로그램의 개발로 연결시켰다. 만약 이탈리아를 여행하지 않았다면 나는 그 프로그램을 개발하지 못했을 것이다.

어떤 여행 방식을 선택하든 나는 여행을 떠나기 전, 자신의 마음을 먼저 들여다보라고 권하고 싶다. 그래야 무엇을 원하는지, 여행을 통해 무엇을 경험하고 싶은지 알 수 있다. 여행은 자신을 바라보는 일에서부터 시작된다. 그런 다음 세상을 향해 한발 내딛으면 된다.

스페인, 이탈리아, 독일 등으로 이어졌던 나의 발자국은 그리스에서 불가리아, 몬테네그로, 보스니아, 크로아티아를 거쳐 동유럽으로 계속해서 이어졌다.

새것을 담으려면
먼저 버려야 한다

최근 미니멀 라이프, 미니멀리즘이
유행하고 있다. 미니멀 라이프는 평생 한 사람이 얼마나 많은 물건을 소
유하며 살고, 소비를 위해 엄청나게 많은 시간을 쓰며 살아가는지에 대
한 반성을 하게 한다. 더 많은 물건을 소유하는 게 행복이라고 여기던 때
도 있었다. 그런데 요새는 물건을 버리자 삶이 더 풍요로워졌다고 말한다.

장기 여행자가 되어 긴 시간 동안 여행을 하면 저절로 미니멀리스트
가 된다. 많은 물건을 갖고 있는 것 자체가 부담이기 때문이다. 내가 여
행하면서 가지고 다녔던 가방의 무게는 8~9킬로그램에 불과했다. 간
단한 세면도구와 옷 몇 벌 말고는 들어 있는 게 별로 없었다. 이보다 더
많은 짐을 갖고 다닐 경우 풀었다 싸는 것도 큰일이었다. 많은 짐을 짊
어지고 다니는 건 상상만 해도 끔찍하다.

생각해보면 예전부터 난 최소한으로 적은 물건만 소유하고 살았다.
일을 할 때도 마찬가지였다. 무언가 새로 시작하려고 할 때 최대한 집중

하기 위해 불필요한 걸 하나씩 제거하고 본질에 충실한 방법을 택했다.

예전에 다이어트를 할 때도 제일 먼저 했던 일이 주변에 먹을 걸 없애는 것이었다. 다이어트에 집중하는 동안 친구들과 만나는 것도 피하기 위해 휴대폰도 없앴다. 다이어트에 방해가 될만한 요소를 없애고, 오직 식이요법과 운동에 집중할 수 있는 환경을 만든 것이다. 어쩌면 벼랑 끝으로 자신을 몰고 가는 나만의 동기부여 방식인지도 모른다. 그래도 이 방법은 내게 제법 잘 통해서 지금도 쓰고 있다.

물론 부작용도 있었다. 지나치게 극단적인 이런 성향 때문에 너무 많이 버려버릴 때도 있는데, 그럴 경우 후유증이 생겼다. 한 가지에 집중하느라 다른 중요한 걸 미처 챙기지 못하고 소홀히하기도 했다. 그러나 그럼에도 뭔가를 채우기 위해선 먼저 비워야 한다고 생각한다. 가득 차 있는 그릇에는 어떤 새로운 것도 담을 수 없다. 여행을 떠나 낯선 장소에 가는 일은 마음 가득히 들어 있는 옛것을 버리고, 새것을 담는 과정이기도 하다.

유럽에서 중동으로 갔을 때 요르단에서 영어를 잘하는 택시 기사를 만난 적이 있다. 택시에서 그와 한창 대화를 나누던 중에 나는 그동안 철석같이 믿고 있던 생각을 비우게 되었다. 생각을 바꾸는 것뿐만이 아니라 작은 마음 그릇을 통째로 깨뜨리는 계기가 되었다.

"미국은 중동을 악의 축이라고 비난하는데 미국인이 싫지 않아요?"

"우리는 미국인을 싫어하지 않아요. 그건 착각이에요. 우리는 단지 미국 정부를 싫어하는 거예요."

택시 기사는 젊은 청년이었다. 20대 중반이라는 그의 대답을 듣고 커다란 충격을 받았다. 뒤통수를 한 대 얻어맞은 듯 멍했다. 개개인과 국가를 분리해서 받아들이는 그의 대답을 들으며 내 질문이 내 안에 똬리를 틀고 있던 선입관과 편견에서 비롯되었음을 깨달았다. 내가 가진 편견이 드러났다는 생각이 들어 부끄러웠다. 부끄러움을 감추기 위해 다시 질문을 던졌다.

"미국인을 싫어하는 것과 미국이라는 국가를 싫어하는 게 무엇이 달라요?"

"미국인은 국가나 문화 때문에 그렇게 배우게 된 거죠. 실질적으로 미국인 자체는 선량하다고 생각해요."

"할리우드 영화에서는 중동을 악으로 몰고, 중동의 종교도 나쁘게 그리곤 하는데 그것에 대해서는 어떻게 생각해요?"

"우리 종교에서는 인간을 미워하라고 가르치지 않아요."

"눈에는 눈, 이에는 이라는 율법도 있잖아요. 그 율법대로라면 저들이 이런 식으로 대하는데 갚아줘야 하는 거 아닌가요?"

"나는 미국인들을 미워하지도 않고 그들에게 복수하고 싶지도 않아요. 눈에는 눈, 이에는 이라는 율법은 가족과 스스로를 보호하기 위한 어쩔 수 없는 선택이었어요. 우리는 씨족 사회였고 같은 형제들과 함께 부락을 이뤄나가며 살았어요. 그 당시에는 내 자식이 맞았거나, 내 아내가 성추행을 당했다면 복수를 해야 했죠. 그렇지 않으면 자기 자식도 못 지키는 놈, 자기 아내도 못 지키는 놈이라고 비난받았으니까요. 심지어 그대로 놔두면 아이는 앞으로 계속 놀려도 되고 아내는 성추행해도 되는 걸로 받아들였어요. 그래서 부당한 일을 당하면 복수해야 한다고 믿었죠. 부족 사회에서 바보 소리를 안 듣고, 비난을 안 받기 위해서요."

대화는 점점 흥미로워졌다. 복수는 법이 해야 하는 게 아니냐고 내가 물으면 그는 자신의 사회에서는 그것이 정당방위라고 대답했다. 그들에게 정당방위의 폭은 컸고, 정당방위 내에서 감형을 해주었다. 우리의 이야기는 종교 문제로까지 넘어갔다.

"개종은 어떻게 생각해요?"

"우리는 개종에 반대하지 않아요. 하지만 다시 돌아오면 돌팔매질을 하죠."

이해가 되지 않아 왜 그러냐고 물었다.

"종교를 바꾸는 건 개인의 선택이니 상관없지만 다시 신한테 돌아오는 건 모욕적인 일이니까요."

그는 진지하게 말했지만 내가 전부 다 이해하기에는 쉽지 않았다. 그래도 커다란 맥락은 이해되었다. 그와의 대화를 통해 배운 건 각 나라의 문화를 비교하거나 우열을 가리는 것 자체가 의미 없는 일이라는 점이었다. 틀린 건 없으며, 단지 다를 뿐이었다. 그의 사상이 옳고 그름을 떠나서 그의 사상을 만든 건 그를 둘러싼 환경이었다. 문화와 법은 환경 안에서 형성된다. 그리고 그렇게 만들어진 문화가 사람들을 지배한다. 한국은 유교문화가 지배적이다. 그러나 이것이 반드시 절대적인 건 아니다.

요르단의 택시 기사는 어떤 철학자보다 내게 많은 생각거리를 던져주었다. 그의 말을 들으며 그때까지 여행하며 익히려고 노력했던 각 나라의 핵심 가치들이 무너지는 걸 느꼈다. 자본주의는 무엇이며 유럽의 문화유산이란 어떻게 만들어진 것인가, 의문이 들었다.

'세상에 완벽한 사상이라는 건 없다. 각자가 서로 옳다고 주장하는 사상이 있을 뿐이다.'

나는 다시 한 번 중얼거렸다.

'틀린 건 없다. 다를 뿐.'

여행을 통해 단단해졌다고 믿었던 생각이 다시 한 번 깨지는 순간이었다. 그런데 그렇게 깨지고 나니 오히려 마음이 편했다. 진정한 자유를 얻은 기분이었다. 더 대단한 걸 얻으려면, 더 크게 버려야 한다는 생각이 들었다. 한때 나의 SNS 상태 메시지는 '더 대단 더 버림'이었다. 이런 생각을 품은 채 나는 다음 여행지인 아시아로 향했다.

지친 몸과 마음을 위한
힐링의 시간

여행을 시작할 때부터 종착점은 아
시아로 정해두었다. 아시아는 지친 몸과 마음을 힐링하기에 좋은 장소
라고 생각했기 때문이다. 캐나다에서 몸과 마음이 피폐해졌을 때도 필
리핀에 가서 기운을 회복할 수 있었다. 북미, 남미, 유럽, 중동을 거치는
동안 배우는 것도 많았지만 몸은 지쳐 있었다. 지친 몸을 쉬면서 돌보기
위해 마지막 여행지인 아시아로 향했다.

여행을 하면서 나는 많이 변해 있었다. 뭐든 '나'를 중심에 두고 생각
하고 행동하던 나였지만 언제부터인가 '나'를 내려놓았다. 나를 내려놓
자 그제야 세상이 보이기 시작했다. 주변의 일들과 사람들이 더 뚜렷하
게 눈에 들어왔다. 남의 고통보다 내 손톱 아래 가시가 더 아픈 법이라
고 했던가. 수많은 경험은 가시를 뽑아내고 더 큰 연민으로 사람들을 바
라보게 했다. 그럼에도 육체는 갖은 고생으로 피곤과 스트레스가 쌓인
상태였다. 그간 아껴두었던 돈으로 아시아의 풍요로움을 누리리라 다

짐했다. 무조건 맛있는 걸 먹으며 영양과 식욕을 되찾고 싶었다. 나는 한걸음에 필리핀의 세부로 갔다.

세부엔 말도 안 되는 음식이자 꼭 먹어봐야 하는 음식이 세 가지 있다. 첫 번째는 '탄두아이'로, 독한 술이다. 기본이 50도로 시작해서, 프리미엄은 75도다. 다음 날 아침을 포기하고 싶다면 먹어도 상관없다. 이 술은 마시고 못 일어난다고 해서 소위 '앉은뱅이 술'로도 통한다. 두 번째는 '졸리비 버거'인데 아무런 야채 하나 없이 패티 하나, 빵 하나뿐이다. 그래도 맛은 있다. '졸리비 버거'만큼 유명한 '졸리비 스파게티'도 있다. 이건 그냥 먹을만하다. 세 번째는 '발룻'이라는 오리알이다. 노점이나 시장에서 판매하는데 식초나 매콤한 소스를 뿌려 먹기도 한다. 대표적인 보양식으로 필리핀 현지인들이 매우 좋아한다. 유정란이어서 껍질 안에는 털이나 뼈가 자란 부화 직전의 오리가 들어 있을 수도 있지만, 그 맛은 인간의 언어로 표현할 수 없을 만큼 오묘하다.

내 기준에서 여행자는 두 부류로 나뉘는데, 바로 '현지 음식을 먹는 사람'과 '먹지 못하는 사람'이다. 여행을 가면서 김치, 김, 라면, 고추장 볶음 등을 바리바리 싸가는 사람이 있다. 현지 음식을 거의 먹지 못하다 보니 한국 음식으로 된 비상식량을 챙기고 한인 식당을 찾아다닌다. 대개 현지에 있는 한인 식당은 대개 한국보다 맛은 떨어지면서도 값은 몇 배 비싸다. 이 때문에 생각보다 비용을 과다하게 지출하고도 제대로 먹지 못해 불평불만이 쌓이고 여행지에서 오래 머물기도 힘들다.

반면에 세계 어디를 가도 아무거나 잘 먹는 사람들이 있다. 그들은 적극적으로 현지 음식에 도전한다. 기름지고, 냄새나고, 향이 강하고, 특이한 음식이라도 마다하지 않는다. 자국에 있을 때보다 여행지에서 통통하게 살이 오르고 표정이 밝다. 세끼 밥은 물론 각종 간식과 거리에서 파는 군것질거리도 빼놓지 않고 시식한다. 참으로 축복받은 유형이라고 생각한다.

낯선 곳에서 음식까지 몸에 안 받는 건 고역이다. 하지만 되도록 그곳에서만 먹을 수 있는 음식을 먹어보라고 권하고 싶다. 두 번 다시 그런 경험은 할 수 없을지도 모르니 일종의 기회다. 맛이 없어 보여 먹지 않다가 눈 딱 감고 한 번 먹었을 때 감탄이 나오는 경우도 있다. 안 먹었으면 평생 후회할 뻔했던 음식도 있다.

먹는 것에만 국한된 이야기는 아니다. 예전에 나는 산을 좋아하지 않았다. 누가 산에 가자고 하면 왜 산에 가는지 묻고 싶었다. 보이는 풍경도 뻔하고, 가서 하는 일도 뻔하다고 생각했기 때문이다.

산에 대한 선입견이 깨진 것도 필리핀에서였다. 보홀 섬의 초콜릿힐 사진을 보고 내가 생각했던 산만 있는 건 아니라는 사실을 깨달았다. 사진만 봤을 뿐인데, 너무나 아름다워서 마음을 홀라당 빼앗겨버렸다. 내 두 눈으로 직접 꼭 보고 싶다고 생각했다. 건기가 되면 초콜릿처럼 갈색

으로 변한다니, 얼마나 신비로울까.

필리핀은 장소마다 다른 절경을 품고 있는 나라다. 캐나다에서 지쳐서 필리핀에 왔을 때 보홀 섬은 가보지 못했기에 과연 사진에서 본 것처럼 신비할지 가는 동안 내내 설렜다. 그런데 세부 공항에 도착하니 갑작스럽게 짐 검사를 한다는 게 아닌가. 누가 봐도 여행자 티가 나는데다, 보통 나처럼 배낭 하나 들고 좀 꼬질꼬질한 외모이면 입국 심사관들도 그러려니 하고 보내주는데, 지나치다 싶을 정도로 꼼꼼하게 검사를 받았다. 하지만 나는 느긋했다. 배낭을 탈탈 털어봤자 들어 있는 것도 없었으니 말이다. 암만 뒤적여도 나오는 게 없자 검사관이 물었다.

"왜 사계절 옷을 다 갖고 다니냐?"

이런 황당한 질문이라니. 여행을 하는 동안 사계절을 모두 겪기 때문이라고 설명했건만 본체만체하며 물건을 다시 가방에 넣었다. 밖에 나오니 비가 추적추적 내리고 있었다. 잔뜩 기대를 하고 있었는데 비를 보자 실망감이 몰려들었다. 그러나 초콜릿힐은 그런 실망감을 단박에 몰아낼 정도로 장관이었다. 사진으로 보던 것과는 또 달랐다. 사진으로 봤을 때는 산처럼 보였는데, 힐이라는 이름처럼 언덕이 끝없이 이어져 있었다. 현지인의 말로는 언덕이 1,200개가 넘는다고 했다. 원래는 산호섬이 융기된 거라는 설명을 들으며 이곳의 원래 모습을 상상해보았다.

필리핀에서 내가 가장 좋아하는 숙소는 해발 2,000미터에 있는 '히든 파라다이스' 리조트다. 말 그대로 산속에 숨겨져 있는데 올라가는 것도 힘들다. 자동차를 타고 가서 다시 산 위에서 오토바이나 수레를 타고 가야 한다. 그러나 막상 가면 천국이 열린다. 산 위에 3개의 수영장, 낚시터, 각종 레포츠 시설이 있는데 주로 현지인이 애용한다. 사람도 많지 않아서 편안한 휴식을 즐길 수 있는데, 한국식 닭백숙까지 있다! 이곳에서 내 허벅지만한 도롱뇽을 보고 혼비백산하기도 했다. 산 위 수영장에서 수영을 즐기고, 어디에서든 원할 때마다 서비스를 받았다. 나도 모르게 이곳의 운영과 관리 시스템에 흥미가 생겼다. 필리핀은 여러 가지 면에서 내 상상을 자극했다.

필리핀뿐만 아니라 아시아는 여행하기 좋은 곳이었다. 스킨스쿠버 샵이나 노래방에서 일하면서 돈을 벌 수 있는 기회의 땅이었고, 적은 돈으로도 여유 있는 휴식을 즐길 수도 있었다.

아시아에 얼마나 더 계속 머무를까 생각하며 홍콩에서 머무르는데 한국에서 갑자기 연락이 왔다. 아버지였다. 당장 돌아오라는 불호령이 떨어졌다. 여행이 이렇게 막을 내릴지 몰랐지만 나는 서둘러 한국행 비행기에 올랐다. 아쉬움은 남았지만 미련은 없었다. 다만, 아버지가 나를 왜 그리 급하게 불러들이는지 궁금했을 뿐이었다.

Part 3

여행에서 발견한 꿈을

현실로 바꾸다

여행의 경험을
소화시킬 시간이 필요해

　　　　　　　　　　　아버지의 불호령에 서둘러 여행을
정리하고 돌아온 나는 아버지에게 그 이유를 물었다.

"농담이었다."

"농담이시죠?"

아버지와 나는 마주앉은 채 더 이상 말을 잇지 못했다. 예정대로라면
아시아에서 2달쯤 더 머물며 해양 관련 자격증을 따고 있을 터였다. 생
각지도 못한 아버지의 호출에 무슨 일인가 싶어 바로 들어왔는데 농담
이었다니? 이런 말을 농담으로 하는 분이었던가. 내가 지금까지 알고 있
던 아버지는 누구 아버지인가. 이런저런 생각이 뇌리를 스쳐 지나갔다.

내가 아버지의 부름에 저항하지 않고 재빨리 꼬리를 내렸던 건 호적
에서 파버린다는 말씀 때문이었다. 아버지는 법원에서 근무하셨다. 게
다가 아버지 성격이면 진짜 가능하다고 생각했다. 적어도 이런 일로 농
담할 분은 아니셨기에 농담으로 듣고 그냥 넘겼다간 진짜 호적에서 파

일 수 있다고 믿었던 것이다.

"네가 또 어디로 갈지 몰라서 선수 친 거다. 그런데 왜 이렇게 빨리 들어왔냐?"

"허허허……. 그러게요."

아버지도 조금 당황한 듯했다. 당장 들어오라곤 했어도 이렇게 당장 들어올지 몰랐던 모양이다. 행동이 빠른 건 나나 아버지나 다를 게 없었다. 그러나 언제나 아버지가 한 수 높았다.

"들어왔으니 여행은 이제 됐다. 앞으로 뭐하고 살지 궁리를 해라."

"네. 생각해볼게요."

돌아오게 된 이유는 어이없었지만 어쨌든 돌아왔으니 그걸로 됐다는 생각이 들었다. 여행을 하는 동안에는 한국에 가면 엄청나게 대단한 일을 하리라 들뜨기도 했고 성취욕도 높았지만 막상 한국에 오니 담담했다. 공항에 도착해서 제일 먼저 든 생각도 이상이나 사업이 아니라 '너무 춥다'는 감각이었다. 6월이었지만 에어컨 바람이 지나치게 셌다. 현실은 내가 떠나기 전과 똑같았고, 집에 돌아온 나는 예전과 별로 달라진 것도 없는 듯했다. 어떻게 보면 허무하기도 했다.

하지만 여행을 통해 몸에 익힌 건 잊지 않고 있었다. 하고 싶은 일을 찾아서 꿈을 이루리라는 마음도 변함없었다. 어떻게 살아갈 것인지에 대한 대답은 정해져 있었다. 가능하다면 여행자의 마음으로 살아가고 싶었다.

여행자의 하루는 일상을 살아가는 사람의 10일 이상의 의미가 있다고 생각한다. 더 많은 일에 부딪치고, 예측할 수 없는 상황에 놓이기 때문에 밀도가 높을 수밖에 없다. 그 과정에서 자신을 깊이 탐색하게 된다. 나 또한 1년 4개월에 걸친 여행에서 내 삶의 방향을 찾았다. 어떤 경험으로도 얻을 수 없는 시간이었다고 자부한다. 다시 그때로 돌아간다고 해도 나는 망설임 없이 여행을 떠날 것이다.

새롭게 편입한 학교의 학기가 시작되려면 시간이 좀 남아 있었다. 그 틈을 이용해 일본에 한 번 더 다녀왔다. 이번에는 정식으로 돈을 쓰는 여행이었다. 일본을 다시 가기로 한 건 처음 일본으로 무전여행을 다녀와서 누군가에게 들었던 소리가 가시처럼 오래 가슴에 박혀 있었기 때문이다.

"무전여행이라고? 써야 할 돈을 쓰지 않고 무엇을 보고 경험한단 말이냐. 먹고 자기에 급급해서 좋은 건 보지 못했으니 그건 반쪽짜리 여행에 불과해."

반쪽짜리 여행! 이 말을 처음 들었을 땐 귓속이 윙윙거렸다. 마음속에서 기분 나쁜 무엇인가가 울컥 솟아올랐다. 무전여행이 힘들긴 했어도 나만의 방식으로 여행을 다닌다는 생각에 우쭐해 있던 당시의 내가 받아들이기엔 너무나 치명적인 이야기였다. 그러나 틀린 말은 아니었다.

그 말을 삼킬 수도 없고 반박할 수도 없어서 그냥 마음에 파묻어두고
있었다.

시간이 흐르고 여행지에서 더 많은 경험을 한 후에야 그분의 말이 차
차 이해되었다. 여행은 경험을 위해 떠나는 것이다. 무조건 돈을 아끼는
건 그 먼 곳까지 간 의미가 없다. 다만, 돈을 어디에 쓸 것인지 가치를
결정하고 선택해서 집중하는 건 여행의 목적에 달렸다. 두 번째 일본 여
행은 좀 더 느긋하고 여유로웠다. 그동안 세계 여행에서 느낀 것들이 소
화되는 시간이기도 했다. 문득 여행기를 글로 정리하고 싶다는 생각이
들었다.

귀국하자마자 나는 블로그에 여행기를 한두 편씩 써서 올렸다. 여행
을 통해 얻은 아이디어와 통찰을 혼자만의 경험으로 끝내지 않고 세상
과 사람들을 위해 기여하는 콘텐츠로 만들고 싶었다. 다른 나라가 시행
하고 있는 좋은 행정 시스템 중 우리나라에도 도입되면 좋겠다는 것들
도 많았다. 여행을 다녀오는 동안 우리나라에서 실행되는 것도 있어 새
삼 놀라기도 했다.

'이상과 현실 사이에 어떻게 다리를 놓을까?'

나는 틈만 나면 생각하고, 관련 있는 장소를 부지런히 돌아다녔다. 자
료를 수집하고 정리하며 마인드맵을 만들었다. 생각할수록 어떤 일을
해야 할지가 확고해졌다. 사람들이 꿈과 진로, 삶에 대한 고민을 풀어가

도록 돕기로 마음먹었다.

당시 '사회적 기업'과 '국가 브랜드' 개념이 등장했는데 여행을 다니면서 느꼈던 것들을 시도해보기에 괜찮을 것 같았다. 그러던 중 정부에서 운영하는 '국가브랜드위원회 대학생 서포터즈' 프로젝트 공지를 보고 참여했다. 적극적으로 활동하다보니 아예 대표가 되어 이끌고 싶은 마음도 들었다. 그리고 또 다른 기회가 왔다. 청와대에서 'G20세대 사이버자문단'이라는 이름으로 청년정책자문위원회를 권해서 활동하게 된 것이다. 1달에 한두 번 모여서 청년들에게 필요한 정책을 자문하고 무엇인가 아이디어를 내는 회의를 했다. 이 모든 것이 나에겐 공부의 과정이었다.

매일 카페로 출근하다시피 가서 블로그에 여행기를 정리해 올리고 정책 공부도 열심히 했다. 그러던 어느 날 우연히 옆 테이블에 있던 청년들의 이야기를 듣게 되었다. 한 10명쯤 모여 있었는데 그중 5, 6명이 주도적으로 대화를 이끌고 있었다. 주로 자신이 경험한 일에 대한 자랑하고 있었다.

"난 이번에 바리스타 교육을 받아서 카페라테를 만들어봤어. 바리스타 자격증도 곧 딸 거야."

"난 ○○○ 작가 강연회 갔다 왔는데 인상적이었어. 글 쓰기에 대한 의욕이 솟더라고."

"난 대기업에서 주최하는 대학생 대외 활동에 참여했는데 현실적인 실무를 배워서 좋았어. 그 회사에 도전해볼 거야. 월급 타면 한턱 쏠게."

말하는 이들의 이야기는 다양했고 힘이 있었다. 그러나 그들과 달리 아무 말도 하지 않고 묵묵히 듣고만 있는 친구들도 있었다. 나중에 자신의 이야기를 하려나 기다렸지만 그들은 끝내 입을 열지 않았다. 그들의 표정에는 부러움과 동시에 소외감이 번져 있었다. 지루함을 억지로 참는 이들도 있었다.

그들을 관찰하고 있자니 묘한 기분이 들었다. 한 그룹은 자신의 경험담을 자신감 있는 목소리로 말하고 있는데 다른 그룹은 투명인간처럼 앉아 있었다. 왜 누군가는 자신의 인생 이야기를 하고 왜 누군가는 듣고만 있을까. 나도 쉽게 그 질문에 답을 할 수가 없었다. 1시간쯤 지났을까, 그들의 이야기도 끝나갈 무렵, 잠시 침묵의 틈이 생겼다. 그때였다. 세계 여행 중에 수없이 들었던 '갭이어'라는 말이 떠올랐다.

갭이어는 말 그대로 인생에 '갭(틈)'을 갖는 시간을 말한다. 자신의 진로와 방향성을 위해서 자기만의 시간을 갖는 것이다. 갭이어는 자신이 정한 시간 동안 꿈을 찾고, 진로를 탐색하며, 전공에 대해 고민하면서 적극적이고 진취적으로 삶의 방향을 선택하는 방식으로, 이미 다른 나라에서는 널리 쓰이는 개념이었다.

여행 중에 외국에서 생활하는 많은 젊은이들을 만났다. 동양인과 서

양인을 막론하고 세계의 많은 청년들은 자신의 나라뿐만 아니라 다른 나라에서도 인턴, 봉사, 여행, 워킹홀리데이, 이민 등 꿈을 위한 도전을 한발 한발 내딛고 있었다. 나는 더 넓은 세상을 보고 싶다는 이유로 여행을 떠났는데 다른 사람들은 어떤 이유로 여행을 시작한 것인지 궁금했다. 그들에게 나는 매번 질문했다.

"너는 왜 이곳에 왔니?"

여행에서 만난 많은 사람들과 자연스럽게 이야기를 주고받으며 속내를 털어놓았다. 각자의 이야기는 달랐지만 모두의 말은 하나로 모아졌다. 자신의 미래와 진로 그리고 꿈을 찾고 실행하기 위해서였다. 그것을 위해 이역만리 타국까지 와서 견문을 넓히고 새로운 것에 도전하고 있었다. 그들은 여행 경험 자체가 인생의 진로를 선택하는 데 도움이 되리라는 믿음을 갖고 있었다.

그들을 보며 놀라기도 하고 부럽기도 했다. 내가 놀란 이유는 생각보다 많은 청년들이 자신의 꿈을 위해 자발적으로 다른 나라에까지 와서 도전을 하고 있다는 점이었다. 그리고 또 한 가지는 이들을 떠나보낼 때 그들 주변에서 보인 반응이었다. 모두들 그들을 응원하고 지지했다고 한다. 내 상황과 비교가 되었다. 내 주변 사람들은 열이면 열, 모두 나를 만류했던 것이다.

"지금 네가 한가하게 여행이나 다닐 때냐. 그 시간에 토익 점수라도 더 올려라."

"그래서 취직은 어떻게 할래? 스펙도 부족한데 여행이라니. 현실을 생각해."

"마음에 바람이 들어도 단단히 들었군. 그 시간에 상식 하나라도 더 외워."

모두가 스펙, 취직, 현실에 대해 이야기했다. 그러나 여행지에서 만난 친구들과 그들을 응원했던 사람들은 여행만큼 큰 공부가 없다고 생각했다. 세상 공부야말로 그들에겐 가장 큰 공부였던 것이다. 더 부러웠던 건 그들은 이런 생각을 당연하게 받아들이고 있었고, 자신의 시간뿐만 아니라 타인의 시간도 존중한다는 점이었다.

한편, 외국에서 생활하고 있는 한국 젊은이들의 절반 이상이 이런 말을 했다.

"난 외국에서 살고 싶어. 한국에 돌아가고 싶지 않아. 내 꿈은 이곳에 이민 와서 행복하게 살아가는 거야. 누군가의 눈치를 안 보면서 살 수 있고, 평안하고 내 삶을 즐길 수 있는 이곳이 좋아."

처음 그 말을 들었을 때는 약간 충격적이었다. 남의 나라에서 사는 것보다 자기 나라에서 사는 게 낫다고 나는 생각해왔기 때문이었다. 한국에서의 시간이 얼마나 힘들고, 미래를 예측하기 어려웠으면 언어조차 잘 통하지 않는 외국에서 살고 싶다고 그들은 말하는 걸까. 타국에서 살아가며 직업을 구하기는 어렵다. 정규직이 아닌 워킹홀리데이를 하면서 살아가는 것을 모국에서 살아가는 것보다 더 선망한다면 도대체 왜 그런가. 무엇이 이들에게 이민 생활을 인생의 꿈이자 목표로 생각하게 만들었는가. 수많은 질문들이 태풍처럼 몰아쳤다. 사람들을 만날 때마다 다시 질문하기 시작했다.

"너는 왜 다른 나라에 와서 일하면서 봉사를 하고 있어?"

"갭이어 중이야."

간단한 대답이었다. 처음 '갭이어'라는 단어를 들었을 때는 그냥 넘겼다. 생소한 단어였기에 귀에 들어오지 않았던 탓도 있지만 영어로 대화를 하다보니 내가 말할 다음 문장을 머릿속에서 번역하기에 바빴기 때문이다. 그런데 한두 명에게 계속해서 갭이어를 듣다보니 자연스럽게 갭이어라는 단어를 인지하게 되었고 머릿속에 집어넣게 되었다.

그러면서 나는 그동안 여행을 했던 것도 나만의 갭이어였음을 깨닫게 됐다. 갭이어라는 개념조차 모르고 용기 하나만 갖고 시작한 여행이었지만 그 시간 동안 나는 인생의 방향을 결정하고 진로를 선택했다. 꿈과 이상만 쫓는 게 아니라 어떻게 현실로 만들어낼지 고민하고 또 고민했다. 그 모든 시간이 갭이어였던 것이다.

여기까지 생각이 미친 나는 옆 테이블에서 자신의 인생 이야기를 열심히 말하는 친구들을 다시 한 번 바라보았다. 그들에게는 공통점이 있었다. 공부든 취미든 자신을 위해 시간을 냈다는 것이다. 바리스타가 되겠다고 말한 친구는 스스로 카페라테를 만든 게 자랑스러워 보였다. 작가를 지망하는 친구는 유명 작가를 가까이에서 만나보고 의욕을 불태웠고, 대기업 취업을 목표로 하는 친구는 자신도 가능하다는 자신감을 얻은 듯 보였다.

그들은 자신이 어디로 가고 싶은지 알고 있었다. 눈앞에 놓인 수만 가지 길을 보면서도 스스로 방향을 정하고 똑바로 앞을 보고 있었다. 내가 어디로 가는지 알고 있고, 무엇을 해야 하는지 알면 힘이 난다. 작은 일들이라도 자신이 하고 싶은 걸 하면 신이 난다.

그날부터 나는 본격적으로 갭이어에 대해 조사하기 시작했다. 때마침 학교 수업 중에 소논문을 제출하거나 한 회사나 산업에 대한 자료를 200쪽 이상 번역할 일이 생겼다. 그때 갭이어를 주제로 소논문을 작성했다. 학교 과제를 내기 위해서가 아니라 순수한 열정으로 가득 차 갭이어 연구를 계속했다. 당시 학교의 친구들은 학교를 휴학하고 여행을 떠나는 등 적극적인 갭이어를 갖기보다는 학교는 다니면서 자기 시간을 가지는 게 더 중요해 보였다. 갭이어에 대해 연구하면서 어떻게 하면 자기 시간을 충실하게 보낼 수 있을까 고민하다보니 교양과목 자율화를 시행하면 좋겠다는 아이디어도 나왔다. 교양과목을 자기 대학에서만 듣는 게 아니라, 다른 대학에 가서도 들을 수 있도록 하는 것이다.

다양하게 사례를 찾고 혼자 연구하면서 갭이어에 대한 모델이 서서히 그려지기 시작했다. 그러면서 이 모델을 사업화해야겠다는 소망이 꿈틀거렸다. 구체적으로 어떤 사업 모델이 좋을지 살펴보다가 사회적 기업 형태를 선택하기로 결정했다. 사회적 기업을 선택한 이유는 영리가 아닌 가치를 추구하고 싶었기 때문이다. 단순히 돈을 버는 일에서 그치지 않고 갭이어를 통해 사회적 문제를 해결하고 그를 통해 삶의 의미를 찾는 일에 남은 인생 전부를 걸고 싶었다.

결과적으로 나는 여행하며 갭이어를 보낸 셈이지만, 비단 갭이어는 꼭 여행이 아니어도 좋다. 누군가는 1년 동안 별만 볼 수도 있고, 누군가는 운동을 할 수도 있고, 누군가는 요리를 배울 수도 있을 것이다. 그러나 공통점은 시간을 들여 자신의 인생을 충분히 숙고해볼 수 있다는 것이다. 지금도 나는 여행 중에 갭이어를 만난 걸 운명이라고 생각한다. 그리고 그 운명에 감사할 따름이다.

꿈이라는 감옥에
갇힌 사람들

내가 가장 행복한 시간은 하루가 시작되는 이른 아침이다. 아침에 일어나면 아무리 바빠도 10분 정도 생각하는 시간을 갖는다. 책상 앞에 앉아 '오늘 할 일'을 정리하고 계획하는 이 10분은 하루 중 가장 집중도가 높은 시간이다. 어떻게 보면 일은 해야 할 의무다. 그러나 스스로 선택한 의무라면 괴롭지 않고 행복하다. 예정된 일을 순조롭게 끝낸 후 새로운 일에 대한 아이디어가 떠오를 때는 정말 즐겁다.

나는 회사에 출근하면 가장 먼저 메일함부터 연다. 상담이 예약된 청년들의 자기소개서를 꼼꼼하게 읽는다. 나는 20대를 온통 나 자신과 꿈을 찾고 직업을 탐색하는 데 보냈다. 치열하게 그 시간을 살았던 덕분에 방황과 모색을 하는 시간을 거쳐 지금은 청년들의 고민을 듣고 나누는 사람이 되었다. 방황의 시간이 있었기에 그들의 이야기에 더 깊이 공감할 수 있다. 어떤 이야기든 자세히 듣고 그들의 고민이 고민으로 끝나지 않고 삶의 전환점이 되도록 최선을 다하는 것이 내 일이자 임무다.

청년들과 대화를 나누다보면 압도적으로 많이 듣는 단어가 있다. '꿈'이라는 말이다. 재미있는 건 사람에 따라 맥락에 따라 이 단어가 정반대의 뜻으로 쓰인다는 점이다. 누군가는 '헛된 이상'이라는 의미로 말하고, 누군가는 '절실하게 추구하는 성공'이라는 의미로 말한다. 그렇다면 도대체 우리가 꾸는 꿈이란 무엇인가. 어린이들에게 꿈이 무엇이냐고 물으면 어른들은 상상할 수 없는 엉뚱한 대답을 한다.

"나는 커서 달콤한 게 되고 싶어요. 누군가에게 행복을 주고 싶거든요."

"나는 커서 화내는 사람이 되고 싶어요. 화를 내면 엄마가 내가 원하는 걸 해주거든요."

이 아이들이 학교에 가면 대답은 점차 변한다. '달콤함'을 연예인으로, '화내는 사람'은 CEO라는 이름으로 바뀌어간다. 일어나고 걸음마를 배우고 밥을 먹는 것만으로도 그저 칭찬을 받던 시절은 끝나고 성적이 나빠서, 말을 듣지 않아서, 놀아서, 게임을 해서, 스마트폰을 해서, 늦게 들어와서 등등의 이유로 야단을 맞는다. 조금이라도 자기주장을 내세우려고 하면 반항아, 문제아라는 딱지가 붙는다. 시간이 흐를수록 행복과 자유를 찾아 두 날개를 활짝 펴고 창공을 날아가기는커녕 '경쟁'과 '비교'라는 이름의 쳇바퀴 안을 한없이 도는 어른이 된다.

공부와 성적만 요구하는 우리의 교육 시스템 안에서는 젊은이들에게 꿈을 묻는 것조차 헛된 일이다. 젊은이들에게 꿈이 뭐냐고 물어보면 대개는 직업이나 직무를 말한다. 또한 그 직업을 꿈으로 선택한 이유를 물으면 아무 고민도 하지 않고 자신이 원하는 직업이기 때문이라고 말해버린다.

하루는 의사가 되는 것이 꿈이라는 청년이 찾아왔다. 정말 의사가 꿈이냐고, 반문하고 싶은 걸 꾹 참고 그의 얼굴을 가만히 들여다보았다. 나도 모르게 딱한 생각이 들었다. 자신이 정말 원하는 걸 말하는 사람의 표정에 생기가 하나도 없어서였다. 그러나 나도 안다. 때때로 꿈이 얼마나 우리를 당혹스럽게 하는지. 그를 보면서 나는 어린 시절의 한 장면을 떠올렸다.

아마도 일곱 살 무렵이었던 것 같다. 아버지와 아버지 친구 가족과 함께 여행을 갔다. 또래 친구들과 놀고 있는데 아버지 친구가 부르셨다. 나이 순서로 줄을 세우신 뒤 작은 바위에 하나씩 올라가 자신의 꿈에 대해 말하라고 하셨다. 하나씩 돌아가며 꿈을 말했고 드디어 내 차례가 돌아왔다. 꿈에 대해 생각해본 적도 없었던 나는 바위 위에 올라가지도 못하고 망설이기만 했다. 내가 말하는 꿈을 듣고 놀릴지도 모른다는 생각에 두려웠다. 바위에 올라가지도 못하는 나를 보고 어른들은 사내자식이 저래서야 쓰냐며 한마디씩 했다. 울고 싶었지만 있는 힘을 다해 참았다. 그때 내가 느꼈던 감정을 모멸감이라고 부른다는 건 훨씬 큰 후에야 알았다.

이때 경험 때문이었는지 고등학생이 되어 장사나 사업을 하고 싶다는 마음이 들기 전까지는, 누가 꿈이 뭐냐고 물으면 질색을 했다. 하지만 내가 일곱 살 때 거짓으로라도 꾸며서 그럴싸한 직업을 꿈으로 말했다면 어땠을까? 틀림없이 어른들에게 큰 박수를 받았을 것이다. 그러나 타인의 박수를 받아야만 반드시 내 꿈에 정당성이 부여되는 걸까? 타인의 인정과 칭찬에 매달리다보면 본인이 하고 싶은 걸 꿈으로 생각하는 게 아니라 남들에게 박수받는 직업을 꿈으로 착각하고 살게 된다. 꿈을 통해 자유롭게 사는 게 아니라 꿈이라는 감옥에 갇히는 셈이다.

어렸을 때 순수한 마음으로 외치던 꿈은 사회의 테두리 안에서 왜곡되고 변형된다. 그러다가 꿈이 직업으로 대체되면 그 직업만이 유일한 진로가 된다. 의사, 변호사, 교사, 공무원 등 하나의 단어로 화석화되는 것이다.

이런 꿈의 단일화는 자신의 행동과 말투에도 자연스럽게 영향을 미친다. 오직 한 가지만을 바라보고 매진하는 걸 '열정'이라고 여긴다. 그 외에는 다른 걸 생각하면 헛짓 혹은 시간 낭비가 된다. 이것조차 없다고 말하면 도전을 하지 않는다고, 꿈이 없다고 비난받는다.

그러나 사람들이 뭐라고 하든지 자신의 인생이다. 누군가에게 칭찬

받기 위해서나 비난받는 걸 피하기 위해 사는 건 아니다. 만약 자신의 꿈이 누군가의 질문에 대답하기 위해 준비한 거라면, 꿈이 하나의 직업과 단어로 정리되는 걸 경계해야 한다. 그 직업을 갖지 못한 순간, 꿈을 잃어버리기 때문이다. 길을 잃어버린 사람처럼 좌절한 채 열패감에 쌓여 다른 꿈을 찾지 못할 수도 있다. 바로 옆에 있는 새로운 가능성조차 보지 못하고 자신을 인생의 낙오자로 규정지어버리는 것이다. 나는 꿈을 잃어버렸다는 사람에게 이렇게 말하고 싶다.

"당신은 꿈을 잃어버린 게 아닙니다. 어떤 이유로 인해 스스로 그렇게 만든 것뿐입니다."

'어떤 이유'는 사람마다 다양하다. 그러나 꿈을 잃어버렸던 그때로 돌아가 그 이유를 찾으면 새롭게 보이는 무엇인가가 있다. 그렇게 잃어버린 꿈을 새롭게 되찾는 시간이 바로 갭이어다.

갭이어를 갖고자 하는 사람에게 한 가지 당부하고 싶은 말이 있다.

"누군가 꿈이 뭐냐고 묻는다면 거짓으로 꾸며내거나 말하지 마세요. 그냥 사실대로 말하세요. 잘 모르겠다고, 그래서 찾고 있는 중이라고."

자본금 3만 원으로 시작한
한국갭이어

대학 4학년 말, 취업을 할지 창업을 할지 고민했다. 막연하게 졸업하면 취업을 하고, 돈을 모아 세계 일주를 하고, 여행에서 돌아와 창업을 하고 싶다고 생각했지만 세계 일주를 이미 해버렸으니 취업은 제쳐두고 창업부터 하기로 했다. 부모님은 졸업을 앞두고 있으니 취업 준비를 위한 이력서를 쓰라고 재촉했다.

이력서를 쓰면서 한편으로는 사업계획서를 만들었다. 사업계획서를 쓰다보니 청년정책자문위원회 'G20세대 사이버자문단' 친구들이 떠올랐다. 그 친구들과 갭이어 정책에 대해 의논한 적이 있으니 전혀 모르는 사람들보다는 그들과 사업을 시작하는 게 나을 것 같았다. 몇몇에게 같이 해보자고 제안했다. 생각보다 흔쾌히 하겠다는 대답이 나왔다.

2011년 12월 22일, 친구 2명과 스터디 룸을 빌려 사업에 대한 아이디어를 모으고 정리했다. 한눈에 알아볼 수 있을 정도의 틀이 나왔다. 곧바로 사무실을 얻었다. 나에게 영향을 받아 유럽 여행을 갔었던 친구

1명도 합류했다. 그리고 한두 명 함께하는 사람이 늘어났다. 우리 모두가 창업자였다.

사람을 모으는 것까진 좋았는데 현실적인 문제에 부딪쳤다. 돈이 거의 없었던 것이다. 사업에 대한 전반적인 그림이 나왔고, 어떻게 하면 될지 감도 잡았지만 성공에 대한 확신은 없었다. 그러나 우리는 청춘의 용기만 믿고 창업을 감행했다. 어쩌면 철없는 나이였기에 가능했던 것인지도 모른다. 창업을 하려고 하는데 도와주실 분이 있냐는 글을 페이스북에 올렸고, 마침 지인 중 1명이 미술학원을 하고 있었는데 방 하나가 빈다고 무료로 빌려주었다. 그것이 '한국갭이어'의 첫 번째 사무실이었다.

오래 동안 쓰지 않고 창고로 내버려둔 곳이라 더럽고 춥다는 말을 들었지만 그런 것쯤은 문제가 되지 않았다. 사무실이 생겼다는 기쁨에 우리들만의 개업식을 한다며 동료들과 술을 엄청 마셨다. 그 다음 날, 청소를 하기 위해 찾아갔다. 방 한 가득 쌓여 있는 미술 작품의 양이 어마어마했다. 모두 들어내고 청소하는 데 이틀이 꼬박 걸렸다. 그러나 하나도 힘들지 않았다. 돈이 들지 않는 사무실이라는 것만으로도 충분했다. 책상과 의자도 그분 사무실에 남는 걸 주셔서 기본적인 사무기기도 갖추게 되었다. 마지막으로 회사 설립을 위해 등기를 하러 갔다. 법원 직원이 물었다.

"자본금을 얼마로 하시나요?"

자본금을 말하면 그 돈을 내야 하는 줄 알고 지갑 안에 있는 돈을 생각했다. 만 원이라고 말하려다가 차마 그 액수로는 입이 안 떨어져서 조금 높게 잡았다.

"3만 원입니다."

"정말 3만 원 맞아요?"

"네."

직원은 나를 한참 바라보더니 알았다고 했다. 이렇게 단돈 3만 원을 자본금으로 사업을 시작했다. 매일 사업계획서를 미친 듯 썼다. 사무실에서 먹고 자며 일에 매달렸다. 근처에 있는 도시락 체인점에서 2,000원짜리 싸구려 도시락을 매일 사먹었다. 지금도 농담처럼, 그때 먹었던 도시락 박스로 만리장성도 쌓았을 거라고 말하곤 한다.

당장의 목표는 사회적 기업 지원 사업에 선정되는 일이었다. 70장에 달하는 사업계획서를 쓰면서 사회적 기업을 하고 계신 분, 사회적 기업을 매각하신 분, 사회적 기업을 홍보하시는 분들을 만났다. 힘들 거라고 말하면서 자기 회사에 들어오라고 설득하는 분도 계셨다. 그러나 무사히 목표했던 사업 지원금을 받을 수 있었다.

산 하나를 넘으니 또 다른 산이 나타났다. 이번에는 3달 동안 사용했던 첫 번째 사무실에서 나와야 하는 상황이 벌어졌다. 다행히도 나와 함

께 창업한 친구의 지인이 딱한 사정을 듣고 2달 동안 쓸 수 있는 공간을 마련해주었다. 무료로 쓰는 공간이었지만 두세 달간 떠돌이 생활을 하다보니 상주할 곳이 절실해졌다. 다행히 한국사회적기업진흥원이 위탁한 열매나눔재단이 우리를 선발해줘서 명동에 사무실을 얻을 수 있었다.

사무실을 구하는 문제는 '한국갭이어'라는 상호명 때문에 겪게 된 상표권 분쟁 사건에 비하면 고초라고 할 것도 없었다. 유명 의류 브랜드 '갭(Gap)'이 한국갭이어의 상표권 사용에 대해 법무법인 김앤장을 통해 이의신청을 해왔다. 회사명을 끝까지 고집할 이유는 없다고 생각했지만 소송이 들어왔으니 그냥 물러설 수는 없었다. 못 쓰게 될 때 못 쓰게 되더라도 끝장을 본 후에 포기하자는 심정이었다.

바로 행동에 들어가서 도움이 될만한 사람들을 만나고 다녔다. 변호사, 상표권을 인증하는 사람, 변리사, 특허청에 있는 사람들이 이구동성으로 말렸다. 너무나 엄청난 대기업에서 걸어온 소송이었기에 승산이 전혀 없다고 봤던 것이다. 시간만 흘려보내는 게 아쉬워서 갭이 보내온 소장을 보면서 우리가 직접 소장을 작성했다. 내용은 간단했다. 그들이 주장한 '한국갭이어'라는 상호를 쓰면 안 되는 이유를 읽고 그걸 바탕으로 우리가 이 이름을 쓸 수 있는 이유를 비슷하게 따라 써서 제출했다.

이왕 시작한 거 노이즈 마케팅을 하자는 의견이 나왔다. 언론사 쪽에

보도자료를 써서 보냈다. 그것을 본 변호사 몇 분이 연락을 주셨는데 기사가 나가자 열 몇 분이 더 오셨다. 그분들 중에서 조우성 변호사님과 김민규 변호사님을 중심으로 팀이 꾸려졌다. 마침 운이 좋았다. 국정감사 시기가 맞물려 있던 때라서 국회의원실에도 그 기사를 보냈다.

남들 눈에는 다윗과 골리앗의 싸움으로 보였을 것이다. 그러나 일단 시작하니 '이름이야 못 쓸 수도 있지'라던 처음 마음과 달리 굴복하고 싶지 않다는 마음이 강해졌다. 결국 주변의 수많은 분들의 도움으로 갭과 합의하고 한국갭이어라는 이름을 지킬 수 있었다. 지금 돌이켜 생각해보면 가진 게 없었기에 잃을 것도 없어서 승산이 없어 보이는 싸움을 할 수 있었던 것 같다.

한국갭이어를 창업하고 행복한 일도 많았다. 가장 행복한 일은 우울과 절망에 빠져 찾아온 친구들이 컨설팅과 프로젝트를 경험하면서 환하게 웃는 얼굴을 되찾은 모습을 보는 일이었다. 그런 얼굴만 봐도 좋았다. 자기표현을 못하던 친구가 SNS 프로필에 당당하게 자기 사진도 올리게 되었다. 갭이어가 뿌린 씨앗이지만 그 씨앗이 잎을 틔우고 꽃을 피우도록 키운 건 그들 자신이었다. 갭이어가 그들에게 도움이 되었다는 사실이 기뻤다. 스스로 자기 인생길을 만들어가는 그들의 모습은 커다란 감동이었다.

돌이켜보면 한국갭이어를 시작한 후 힘들고 어려운 일이 많이 있었지만 내가 이 길을 여전히 걷고 있는 이유는 바로 이런 감동 때문이다.
한국갭이어는 자신이 하고 싶은 일이 무엇인지, 지금 가고 있는 길이 맞
는 길인지 고민해 볼 틈도 없이 스펙과 취업을 위해 달리고 있는 청년
들이 진짜 원하는 삶을 살길 바라는 마음에 시작한 일이었다. 그런데 각
자 자신만의 갭이어를 통해 인생이 변화한 청년들을 보는 것이 이제 내
인생의 원동력이 되고 있다.

폭삭 망한 프로그램이
남긴 교훈

"그걸 내가 어떻게 알아. 인생은 예
측불허인데."

외국 친구들과 영어로 얘기하다가 곤란한 질문을 받아서 말문이 막
히면 항상 하던 말이었다. 그러면 외국 친구들도 그 말이 옳다며 박장대
소했다. 이런 나의 솔직한 정공법은 어려운 상황에서도 제법 잘 통했다.

갭이어를 창업하기 전에 1달에 한 번씩 소셜 파티를 열었다. 카페 하
나를 빌려 국제 활동이나 여행 같은 갭이어 관련 주제를 정해 프레젠테
이션을 준비해 발표하고, 사람들과 자유롭게 대화하는 형식의 파티였
다. 한 번 기획할 때마다 100명에서 150명 정도가 왔다. 처음에는 무료
였지만 두 번째부터는 참석료를 받았는데도 사람들은 모여들었다. 이
제는 다음 단계의 일을 시도해도 되겠다는 확신이 들었다.

그런 확신이 들자 모두들 짧은 프로그램을 하나 해보자고 의견을 모
았다. '걷고 생각하고 꿈꾸자'란 타이틀을 내걸고, 제주도 올레길을 걷

는 프로그램을 만들었다. 갭이어를 가져본 사람들끼리 함께 걷기를 하는 심플한 콘셉트를 내건 기획이었다.

걸으며 자연스럽게 대화를 하고, 서로의 경험에 대해 나누며 생각을 확장하는 기회를 주려고 했다. 홈페이지를 만들고 여기저기 열심히 홍보도 했다. 숙식과 비행기 티켓까지 포함해서 총 경비가 70만 원이었는데 단 1명도 신청하지 않았다. 그야말로 '폭망'했던 것이다.

날짜는 다가오는데 어떻게 할 것인지 의논했다. 그래도 해봐야 하지 않겠냐고 의견을 모았다. 사전 답사를 1주일 다녀온 뒤 주변 지인들을 모아 함께 걷기로 했다. 갭이어 첫 번째 프로그램은 막말로 주변에 한가한 친구들을 모아 4박 5일 걷기라는 형태로 실행되었다.

제주에 가서 예약한 게스트 하우스에 들렀더니 마침 한 방송사에서 방송용으로 게스트 하우스를 찍고 있었다. 당연히 우리는 신나게 우리 얘기를 들려주었다. 원래 주제가 '제주도에 사는 사람들, 게스트 하우스'였는데 이야기를 듣더니 많은 관심을 보이며 우리 모습도 촬영을 했다. 정말 운발이 억세게 좋았다. 2012년 여름, 우리들의 이야기가 방송에 소개됐다.

"이 친구들의 몇 년 뒤가 궁금하네요."

마지막 멘트는 이 말로 마무리됐다. 몇 년이 지난 지금, 방송을 보았던 사람들이 우리를 바라보면 뭐라고 생각할까. 실패라고 생각되는 순

간 또 다른 도약이 될 수도 있다는 희망을 읽어낸다면 기쁠 것 같다. 제주에서의 경험은 마지막 순간에 실패가 보이더라도 안 하는 것보다는 하는 게 낫다는 걸 다시 한 번 깨닫게 해주었다. 지푸라기라도 잡는 심정으로 허우적거려야 우연히 다가온 행운이라도 잡는 법이다.

프로그램을 마치고 서울로 돌아와 오답 체크를 하는 것처럼 실패 원인을 분석했다. 우리가 제주도 올레길 프로그램을 주로 홍보하고 노출시킨 매체는 SNS였는데, 관심사에 따라 그룹이 형성된다고 할 때 SNS 홍보는 분명 잘못된 접근 방식이었다. 제주도는 이미 사람들이 많이 다녀온 곳이었고, 왜 걸어야만 하는지에 대한 이유를 찾기도 힘들었다는 결론이었다.

"제주도는 국내여서 실패한 걸 거야. 이번에는 해외 프로그램을 개발하자!"

우리는 시선을 해외 쪽으로 돌렸다. 그때 한국갭이어에는 4명이 일하고 있었는데 2명은 필리핀으로, 2명은 태국으로 향했다. 필리핀으로 출장을 다녀온 친구들은 '코피노(Kopino, 한국 남성과 필리핀 현지 여성 사이에서 태어난 2세를 필리핀에서 이르는 말로 코리안(Korean)과 필리피노(Filipino)의 합성어)' 지원 사업을 들고 왔고, 태국에 출장을 다녀온 친구들은 NGO 봉사 프로그램을 생각해왔다. 회의 끝에 NGO 봉사를 선택했다. 그런데 두 번째 프로그램 역시 신청자가 아무도 없었다.

세 번째 프로그램으로 코피노 지원 사업에 도전했다. 그런데 필리핀에 있는 지원센터에 갔더니 문이 닫혀 있었다. 그 다음 날 갔을 때도 똑같은 상황이었다. 몇 번씩 전화를 한 후에야 겨우 관계자를 만날 수 있었다. 어떤 일을 할 것인지 설명하고 도움을 받고 싶다고 말하니까 적극적으로 문서를 보여주며 설명을 해주었다. 그런데 정작 한국인 식당에 가니까 코피노에 대한 다른 시각에 맞닥뜨렸다. 지원 센터에 물자나 돈을 줘도 아이들을 돕는 데 쓰이기보다 부모가 다른 곳으로 흘려보낸다는 것이다. 그래서 그 프로그램은 아예 시행하지 않았다.

좋은 마음만 갖고 사업을 해나가기는 힘든 일이었지만 하나씩 배우면서 경험을 쌓았다. 한번은 대만에 사전 답사를 하러 갔는데, 들고 간 돈은 15만 원이 전부였다. 무전여행을 할 때처럼 기차에서도, 해변에서도 잤다. 하지만 언어가 잘 통하지 않으니 기획했던 서핑 프로그램도 접어야 했다.

우리의 거듭된 실패에는 여러 가지 요인이 있었다. 그중에서도 가장 큰 두 가지 실패 요인은 타이밍과 브랜드였다. 갭이어는 문화의 힘이 크게 작용한다. 그때는 우리나라에선 아직 갭이어 문화가 자리 잡기 전이었다. 사업 타이밍이 지나치게 빨랐던 셈이다. 또 하나는 우리가 알려지지 않은 회사였다는 점이다. 잘 모르는 회사가 하는 프로그램에 돈을 들여가며 참여하기에는 위험 부담을 느낄 게 분명했다.

그때부터 홈페이지와 프로그램 개발에만 힘썼다. 이른바 '폭망'을 여러 번 경험하긴 했지만 이를 교훈 삼아 조금씩 체계를 잡아가기 시작했다. 실질적인 조율과 환경 상태를 체크하면서 새로운 프로그램을 개발했다. 몸은 바빴지만 돈은 여전히 없었다. 우여곡절 끝에 경비를 만들면 그 돈으로 직원들을 아시아로, 남미로 출장 보내 좋은 프로그램을 개발하는 데 투자했다. 그러자 아시아 프로그램에 서서히 반응이 오기 시작했다. 창업 후 거의 1년이 지난 시점이었다.

그 사이 사이 강연회에 가고 캠프 프로그램을 기획하거나 강의를 했다. 한편으로 아시아 프로그램뿐만 아니라 유럽과 남미 프로그램도 만들었다. 사무실의 규모나 확장보다 제대로 된 프로그램을 개발하고 좋은 컨설팅을 하는 데 목적을 두었다. 외국 관계자들을 만났을 때는 한국 사정을 이야기하고, 이런 게 필요하다고 정직하게 어필했다. 그랬더니 의외로 많은 계약을 맺을 수 있었다.

반면에 우리의 제안에 피드백이 좋지 않아 포기한 것도 있었다. 겨우 힘들게 협약을 맺었지만 이후로 굴곡을 많이 겪은 프로그램도 있었다.

앞에서 언급한 것처럼 인생이란 한 치 앞을 알 수 없다. 그래서 재미있는 일도 생긴다. 한국갭이어를 창업한 이후 나는 '할 수 있다! 길은 보인다'라는 마음 하나로 견뎠다. 뜻이 있는 곳에 길이 있다고 했던가. 생각하는 바를 밀고 나가는 과정에서 많은 분들의 도움을 받았다. 부족한 부분은 의지와 열정으로 채워나갔다. 그래도 험난한 여정은 계속되었다. 난항을 거듭 겪을 때마다, 고등학교를 졸업할 무렵 한 선생님이 해주신 말씀을 떠올렸다.

"앞으로 뭐하고 싶으냐?"

"잘 모르겠는데 회사를 경영하고 싶어요."

"회사? 꿈이 그렇게 작아서야 쓰냐. 기왕이면 세상을 경영하는 사람이 되어라."

나는 세상을 경영하는 사람이 되지는 못했다. 지금도 여전히 세상을 공부하는 중이다. 앞으로 또 어떤 일이 생길지 활짝 열린 마음으로 오늘도 인생 수업에 임해본다.

자기 인생을
산다는 것

　　　　　　　　　야심 차게 기획했던 프로그램이 연
속적으로 실패하면서 원인을 분석하다보니 페루에서 있었던 일이 생각
났다. 휴게소에 정차했을 때 한 아주머니에게 가방을 맡기고 잠시 화장
실에 갔다 왔는데 가방은 사라지고, 앉아 있던 아주머니도 다른 아주머
니로 바뀌어 있었다. 가방 안에는 1년 동안 여행하면서 기록한 메모와
일기장이 있었기 때문에 꼭 찾아야 했다. 영어와 한국말을 섞어가며 어
떻게 된 일인지 따지면서 화도 냈다.

　왜 이런 일이 벌어졌는지 이유는 끝내 알 수 없었지만, 결론은 아주
머니가 일하고 있는 버스 회사의 사장님이 다른 버스에 내 가방을 옮겨
실었다는 것이다. 40여 분의 추적 끝에 내 가방이 있는 버스를 따라잡
았다. 가방을 찾자마자 여정에 맞춰 타야 하는 버스 시간에 맞추기 위해
초고속으로 역주행을 했다. 그야말로 한밤의 버스 추격전이었다.

　지금이야 웃으면서 그것도 '추억'이라고 말할 수 있지만 그때는 정말

'세상에 어떻게 이런 일이!' 일어날 수 있는지 이해할 수가 없었다. 그 일 이후 한동안 절대로 남에게 가방을 맡기지 않았고, 결국 모든 건 자신이 책임져야 한다고 생각하게 되었다. 페루에서 잃어버린 가방을 찾기 위해 벌였던 끈질긴 추격전에 버금가는 노력으로 프로그램 실패의 원인을 찾았다. 그 답은 '신뢰'였다. 우리 회사는 다른 사람이 믿고 따라올 만한 '신뢰'가 아직 구축되지 않은 상태였다.

갭이어의 의미에 대한 사회적 인식도 미미한 상태였다. 많은 사람들이 갭이어를 왜 몇 개월에서 1년이나 가져야 하는지 이해하지 못했다.

"갭이어? 그게 뭐야?"

갭이어를 말하면 거의 모든 사람들이 되물어왔다.

"틈(갭)을 갖는 시간이에요. 틈을 이어준다는 의미도 있고요."

당장 프로그램이 성공하기를 바라기보다 갭이어를 알리는 노력이 더 절실하다고 판단했다. 갭이어의 의미를 차근차근 설명하면 이름 한번 잘 지었다고 감탄하는 분도 있었다. 하지만 이름이 혼란스럽기도 했는지 우편물에는 종종 '캡이어'라고 쓰여 있었다. 우리끼리는 '캡 좋은 시간'을 보내기 위한 갭이어가 되려나 보다고 웃기도 했다.

갭이어를 알리기 위해 강연이나 토크 콘서트를 개최했다. 홍보는 SNS로 했다. 초창기 멤버 4명은 여행, 봉사 활동, 국제 활동, 워킹홀리데이 등 나름대로의 경험을 갖고 있었다. 우리의 다양한 경험과 이야기를 통해 여러분들의 계획을 이야기해보자는 주제를 던졌더니 많은 사람들이 관심을 가졌다. 한 번 강연을 할 때마다 150명~200명씩 모였다. 예상을 훨씬 웃도는 숫자였다.

토크 콘서트 때 '갭이어, 직업의 정석 콘서트'라는 코너를 넣어 갭이어에서 추구하는 모토를 알렸다. 강연이 없을 때는 프로그램 개발에 심혈을 기울였다. 진로를 고민하는 대학생들이 많이 찾아왔다. 어떻게 살아갈 것인지, 선택의 기로에 놓여 있는 이들이었다.

선택을 해야 하는 시기가 인생에 한 번만 오는 건 아니다. 특정한 발달 시기를 겪을 때마다 우리는 선택의 짐을 져야 한다. 때로는 그 선택이 너무 버거워 높은 벽처럼 보일 때도 있다. 경험의 폭과 시야가 좁을수록 그 벽은 도무지 넘을 수 없는 장애처럼 느껴진다. 자신의 힘으로 해결할 수 없다고 느낄 때 외부의 도움이 필요할 수도 있다. 우리를 찾아온 친구들도 벽을 아예 넘을 수 없거나, 벽 밖에 무엇이 있을지 가늠조차 할 수 없다는 고민을 안고 왔다. 그리고 그들은 이렇게 물었다.

"저는 정말 갭이어를 경험해보고 싶어요. 그런데 부모님은 어떻게 설득하죠?"

" 갭이어가 위험하지는 않나요?"

"시간을 어떻게 보낼지 혼자 계획을 세워야 하나요?"

"갭이어를 갖고 나면 제 인생이 정말 바뀔까요?"

"그냥 워킹홀리데이를 하면 되나요? 아니면 봉사 활동을 하는 게 낫지 않을까요?"

이런 질문들을 수없이 들으면서 사람들이 정말 무엇을 필요로 하는지 고민하게 되었다. 무엇이 필요한가? 이 질문을 생각하고 또 생각하면서 갭이어도 변모하게 되었다.

청년들은 사회에서 정해놓은 매뉴얼과 부모님의 교육 방침에 따라 살아오는 동안 스스로 선택하고 결정하는 감각을 잃어버린 듯했다. 개인의 특성이 고려되지 않는 획일화된 시스템 안에서 계속 공부만 하다 보니 일종의 '결정 장애' 상태가 된 것이다. 자유롭게 선택해본 적이 없기 때문에 자신이 어떤 사람인지, 무엇을 좋아하는지, 지금 필요한 게 무엇인지조차 모른 채 혼란을 느끼며 방황하고 있었다.

현장에서 이들을 만나 함께 고민하는 동안 안타까운 심정을 느끼기도 했지만 동시에 당혹스러웠다. 처음엔 단순하게 갭이어 1년간 자신이 하고 싶은 걸 하면서 또 다음 길을 찾을 수 있다고 믿었다. 그러나 이들에게는 다음 단계로 나아가기 위한 무언가가 필요했다.

고민 끝에 프로그램을 다시 처음부터 만들기 시작했다. 그리고 청년들의 선택을 도울 수 있도록 컨설팅에 힘을 쏟았다. 아시아, 유럽, 남미, 북미, 오세아니아에 장기 출장을 다니면서 프로젝트를 하나씩 만들어갔다. 우리가 생각했던 큰 그림은 멘토링과 강의들이 국내 프로젝트를

통해 교육으로까지 연결되는 것이었다. 이런 과정을 통해 지금의 갭이어 프로그램이 점차 갖춰지기 시작했다.

강연회와 프로그램 개발로 잠시도 쉴 틈이 없었다. 평일과 휴일이 따로 없었다. 먹고 자는 시간까지 아까워하며 갭이어에 모든 시간을 바쳤다. 당연히 피로가 쌓여갔다. 힘들지 않다면 거짓말일 것이다. 노력만큼 보상도 인정도 받지 못하는 일에 슬슬 지치면서 3년째 되었을 때 슬럼프가 왔다. 무작정 열심히 일하기만 하다가 슬럼프가 오자 내가 정말 원하는 게 무엇인지, 마음 깊은 곳에 있던 바람을 들여다보았다. 그제야 내가 무엇을 진정으로 원했는지 알게 되었다.

그건 한마디 말이었다. "제 인생을 바꿀 수 있도록 도와주셔서 고맙습니다"라는 한마디였다. 나는 거짓이 아닌, 진정성 있는, 소통하는 삶을 바랐던 것이다. 앞만 보고 가던 걸 멈추고, 주변을 돌아보았다. 천천히 걸으면서 하늘을 보고 바람을 느꼈다.

자기 인생을 사는 사람들에겐 한 가지 공통점이 있었다. 주변의 반응에 흔들림 없이 자기 길을 간다는 것이다. 어떤 일을 하다보면 당연히 주위에서 칭찬도, 비난도 들린다. 하지만 그것에 신경 쓰기 시작하면 초심을 잃고 자신의 길을 제대로 걷지 못한다. '진로'라는 말을 다시 생각해보았다. 말 그대로 내 길을 가는 거고, 그 길을 가며 내가 할 수 있는 최선의 노력을 하면 그만이었다.

'내가 부족한 탓이었지 나를 찾아왔던 젊은 친구들의 잘못이 아니었
구나.'

갭이어를 알리는 일은 내가 선택한 길이었다. 타인의 반응이 좋고 나
쁘냐에 따라 그만둘 일은 아니었다. 자신을 들여다보자 조금 여유가 생
겼다. 마음 가득 먹구름처럼 끼어 있던 회의와 의심도 사라졌다. 머리와
가슴이 정리되고 나니 시원해졌다. 슬럼프에서 벗어나 초심을 되찾은
나는 예전보다 더욱 열정적으로 일에 몰입했다.

몰아붙이지 않고 자신을 그냥 편히 두었던 게 오히려 슬럼프를 극복
하는 계기가 되었다. 나는 강연을 할 때도 청중에게 "슬럼프가 왔을 땐
그냥 내버려두라"고 말한다. 오늘 하기 싫으면 안 해도 된다고, 내일도
하기 싫으면 하지 말라고 말이다. 어차피 해야 할 일이면 언젠가는 하게
된다.

초기의 부족함을 정직하게 바라보고 개선하면서 버텼던 그 시간들은
헛되지 않았다. 갭이어가 조금씩 이슈화되면서 반응을 보이기 시작한
것이다. 갭이어를 가지려면 어떻게 해야 하는지, 어떻게 참여할 수 있는
지에 대한 문의도 많아졌다. 때로는 부정적인 반응도 있었다. 일부에선
젊은이들이 쉴 생각만 한다며 젊었을 때야말로 더 열심히 공부하고 일
해야 한다는 질책도 있었다. 언론에서는 긍정적 시선을 보이면서도 입
장은 중립을 지키려고 노력하는 듯 보였다.

"갭이어, 사치인가? 한국에서도 가능한가?"

언론에서는 위와 같은 기사 제목으로 의문을 제기하면서도 기사 내용은 우호적인 내용을 담고 있었다. 다양한 반응은 관심을 받고 있다는 증거이기도 했고, 그만큼 객관적인 시각도 나오기 시작했다는 뜻이었다. 이런저런 경험이 쌓이자 시련과 고난도 밋밋한 인생에 있어 감초처럼 느껴졌다. 파도를 타는 짜릿함을 느낀 서퍼가 더 큰 파도를 원하듯이, 수없이 많은 일을 겪고 나니 더 큰 욕을 먹어도 고맙다는 마음까지 들었다.

지금은 당연하게 여겨지는 주 5일 근무제도도 자리를 잡기까지는 시간이 걸렸다. 처음에 이 제도가 시행될 때 모두가 긍정의 목소리를 낸 것은 아니었다. 그런데 어느덧 주 5일제는 자리를 잡았고 누군가는 주 4일 근무제에 대한 이야기까지 꺼내고 있다.

갭이어도 마찬가지다. 갭이어에 대해 칭찬이든 욕이든 다양한 목소리가 나오기 시작하면 그만큼 빨리 변화하고 성장할 가능성도 높아진다. 맑은 날이 있으면 비 오는 날도 있는 법이다. 나는 묵묵히 내 길을 걸어가고 싶다.

환경을 바꾸면
사람이 바뀐다

프로그램을 개발하다보면 생각하지도 못한 일들이 종종 생긴다. 유럽에서 유물 발굴 프로젝트를 기획하다가 스페인의 한 섬에 붙잡혀 있었던 적이 있었다. 돈을 아끼기 위해 비행기 대신 기차를 타는 일이 많았지만, 더욱 절실했던 건 시간이었다. 분초를 다투는 유럽 출장이었던지라 한 나라에서 며칠씩 묵기는 어려웠다. 이때도 다음 날 다른 나라에서 미팅이 잡혀 있었는데, 스페인 카탈루냐 지역 섬에 들어갔다가 3박 4일을 꼬박 붙잡혀 주구장창 이야기를 들어야 했다.

유물 발굴 프로젝트가 가능한 곳은 유럽에서도 서너 나라에 불과하다. 크게 보면 이탈리아, 스페인, 루마니아 정도인데, 루마니아는 동유럽이어서 참가자들이 덜 좋아할 듯했다. 이탈리아는 관광지라 참가자들이 부담해야 할 경비가 너무 높았다. 최종적으로 스페인으로 정했다. 유물 발굴은 기가 막힌 프로그램이라고 생각했기에 부푼 꿈을 안고 스페인으로 향했다.

문제는 스페인에서는 나의 스케줄에 맞춰 움직일 수 없다는 점이었다. 이들에게는 이들의 문화가 있었다. 출발 시간은 점점 다가오는데, 극진한 대접이 이어졌다. 경치 좋은 곳을 구경시키고, 잘 먹여주는데 막상 사업 얘기는 시작할 기미조차 보이지 않았다. 그래도 포기하지 않은 덕분에 현장에 가서 직접 유물을 발굴하는 기회도 가졌다.

뙤약볕 아래 몇 시간을 돌아다녔는데도 그들은 여기저기를 보여주기만 할 뿐 프로젝트 개발에 대한 생각은 전혀 없는 사람처럼 굴었다. 그러다가 출발하는 당일에 이야기를 시작해서 장장 9시간을 얘기했다. 극적으로 타결이 된 후 지금까지도 연계되는 곳이다. 어떻게 해서든 성사시키고 싶었던 프로그램이었기에 끈기를 갖고 대처했던 게 주효했던 것 같다.

초기에는 한국갭이어라는 이름 때문에 외국 회사와 연결된 한국 지사로 오해하는 사람들도 있었다. 그래서 영문으로 쓸 때는 'Gapyear Korea'가 맞지만 일부러 'Korea Gapyear'로 썼다. 외국 친구들에겐 콩글리시로 보이긴 하지만 의도적으로 변화를 주는 것이 더 좋겠다고 생각했다.

사실 외국에서 만들어진 프로그램을 그대로 수입하면 일하기는 더 쉽다. 프로그램 개발에 들이는 돈과 시간이 절약될 뿐만 아니라 이후 몇

년 동안 쌓아야 생기는 현장 노하우 등을 생각하면 직접 개발하는 쪽이
품이 많이 들기 때문이다. 그러나 교육학 전문가였던 분이 프로그램은
수입하지 말고 꼭 직접 만들라고 조언해주셨다. 프로그램을 개발하는
쪽으로 비전을 세운 뒤에는 직접 만들기 위해 대륙별로 찾아다녔다.

　프로그램 개발은 아이디어에서 출발하지만 아이디어만으로 가능한
건 아니다. 외국에서 진행되는 프로그램일 경우 수없이 많은 검토 후에
각 나라별로 뉴스레터를 체크하고 다시 메일을 보낸다. 일정을 조율하
고 미팅 날짜를 잡고 실현 가능성이 어느 정도 되는지, 한국적으로 변화
시킬 수 있는 여지는 있는지 살펴본다. 실무를 확인하기 위해 직접 현장
에 가서 눈으로 확인하고 한국인 정서에 맞게 변화시키기 위해서 업체
와 협상을 벌인다. 우리가 원하는 조건을 끌어내어 숙식 여부를 확인하
고 한국으로 돌아와 다시 하나씩 검토하면서 진행한다.

　프로그램 개발과 더불어 내가 공을 들이는 일은 컨설팅이다. 어떤 분
들은 "대표가 자원을 확보하거나 전체 시스템을 잡는 일을 더 해야지,
왜 실무를 뛰나요?"라며 우려하기도 한다. 하지만 고객에게 컨설팅을
하다보면 그들이 원하는 걸 알게 되고, 그 사람에게 딱 맞는 프로그램이
없다는 사실을 발견하곤 한다. 그러면서 새로운 프로그램을 개발할 필
요성을 깨닫기도 한다. 따라서 컨설팅을 직접 하다보면 시간은 많이 소
요되지만 그만큼 얻는 것도 많다.

컨설팅을 할 때 나는 고객에게 무엇이 도움이 될지를 생각하며 그가 말하는 내용의 핵심을 파악하려고 노력한다. 대화를 나누다보면 고객이 반복적으로 사용하는 단어가 있는데, 보통은 이 단어가 그가 현재 사로잡혀 있는 문제의 힌트인 경우가 많다.

자신의 문제가 무엇인지, 무엇을 명확히 원하는지 스스로 답을 갖고 오는 고객도 있지만 대개는 자신이 무엇을 해야 할지 모호한 상태로 찾아오는 경우가 많다. 이때 고객의 핵심 가치 키워드를 발견한 후 점점 주제를 좁혀가면 궁극적으로 원하는 것에 접근할 수 있다. 이 과정을 단계적으로 만들어놓은 게 바로 '진단 툴'이다. 우리 사무실까지 컨설팅을 받으러 온 사람은 어느 정도 내적 동기가 발현된 상태이기 때문에 꾸준히 시간을 들여 내부에 있는 요소를 자극하면 변환점을 찾아낼 수 있다.

예를 들면 성적을 올려야 하는데, 국어 점수가 50점밖에 나오지 않는다면 수학이나 영어만 아무리 공부해도 전체 점수는 크게 오르지 않는다. 국어 성적이 올라야지만 다른 과목에 대한 이해도가 함께 높아져 빨리 등수가 올라가기 때문이다. 이처럼 핵심 문제를 해결하면 다른 문제까지도 함께 좋아지는데, 한쪽으로 쏠려 있던 무게중심이 제자리를 찾으면서 밸런스가 맞춰지기 때문이다.

이런 점으로 볼 때, 문제 해결을 위한 가장 빠른 변화를 꾀하기 위해서는 자신을 둘러싼 환경부터 먼저 바꿔야 한다. 환경을 바꾸는 가장 손

쉬운 방법은 여행이다. 많은 갭이어 참가자들이 선택하는 것도 이 방법
이다.

프랑스 스테이 프로그램에 참여했던 한 청년은 프랑스라는 새로운
환경과 사람들 속에서 자신이 미처 발견하지 못했던 자신의 모습을 발
견했다. 항상 다른 사람을 신경 쓰고 배려하느라 자신의 권리와 감정을
솔직하게 표현하지 못했던 모습을 직면하게 된 것이다. 그는 자신의 가
족들에게조차 힘들 때 힘들다고 말하지 못했기에 그동안 부모님과 제
대로 대화를 나누어본 적이 없었다. 사실 이 친구는 과거 자신의 말과
행동 때문에 오해가 생겨 상처를 입었던 경험이 있었다. 그 후 자신의
진짜 속마음은 감추고 남에게만 시선을 맞춘 채 살아왔던 것이었다. 그
런데 스테이 프로그램을 통해 사람들과 공동체 생활을 하며 자신의 그
런 모습을 객관적으로 바라볼 수 있게 되었다.

그는 힘들 때는 힘들다고 밝히고, 필요한 것을 요구하기도 하며, 자신
의 감정을 솔직하면서도 겸손한 자세로 표현하는 일이 결코 남에게 폐
가 되는 일이 아니라는 사실을 깨달았다. 이전에는 힘든 내색을 하지 않
고 묵묵히 할 일을 했지만 이제는 자신과 타인에게 솔직하게 표현하는
자세도 필요하다는 사실을 깨달았다. 그래서 그는 짜증이 날 때는 짜증
이 난다고, 힘이 들면 힘이 든다고 내색하는 노력을 했다. 남들에게 자
연스러운 표현도 그에게는 어색했고 쉽지 않은 일이었기 때문이었다.

환경을 바꾸기 위해 반드시 여행을 떠나거나, 꼭 어떤 프로그램에 참여해야한 하는 건 아니다. 그러나 본인에게 익숙한 주위 환경에서 일부러 떠나라고 권하는 경우가 있다. 예를 들어, 어릴 때 왕따를 당했다거나 안 좋은 기억이 강하게 남아 있는 사람은 기존의 환경에서는 본인의 활동에 제약을 받는다. 이런 사람은 전혀 다른 환경에 있는 것만으로도 극적인 변화가 나타난다. 환경을 바꿔 새로운 사람들을 만나면 자신에 대한 인식도 변한다. 부정적 경험을 통해 만들어진 틀이 깨지면서 새롭게 대응하고 이겨낼 힘을 얻는 것이다.

하루는 20대 후반의 청년이 나를 찾아왔는데 30분쯤 이야기를 나누면서 그에게 심리적 결핍이 크게 있음을 느꼈다. 본인은 애정 욕구가 크고 관계 지향적인 사람이었지만 부모님이 맞벌이로 바빠서 제대로 보살핌을 받지 못했고 학교에서도 친구 관계로 인해 괴로움을 겪고 있었다. 며칠 동안 이야기를 나눈 끝에 동남아 지역의 가난한 아이들을 위해 봉사를 하며 보내는 갭이어를 선택했다. 아이들은 순수하게 자기 마음을 표현하고, 상대가 주는 사랑보다 더 큰 마음으로 돌려준다. 그 청년은 솔직하게 사랑을 표현하고, 마음을 주고받는 아이들과 함께 지내면서 결핍된 마음을 빠르게 채우며 자신의 존재 가치에 대해 다시 생각하게 되었다.

우리 회사를 찾아온 한 사람, 한 사람을 위한 다양한 컨설팅을 하며

맞춤형 프로그램을 고민하고 만들어 추천하다보니 새로운 문제 유형의
사람을 만나면 기존 프로그램으로는 충족이 안 되는 경우도 있었다. 새
로운 문제와 고민은 새로운 프로그램을 개발할 기회를 주었다. 개인별
맞춤형 프로그램을 개발하다보니 속도는 느리지만, 개개인에게 꼭 맞
는 프로그램을 내놓을 수 있기에 보람은 몇 배나 더 크다.

지금 한국갭이어에서 운영하고 있는 프로그램은 300개 정도인데,
1,000개쯤 되면 대부분의 유형에 맞출 수 있지 않을까, 하는 희망을 갖
고 있다. 1,001번째 새로운 유형이 나타나면 언제든 새로운 프로그램
을 만들 수 있는 노하우도 그때쯤이면 쌓일 것이다.

내가 이런 방식을 취하게 된 이유는 개인적으로 여행을 통해 느꼈던
진정성을 갭이어 속에도 녹여내고 싶었기 때문이다. 한 사람, 한 사람의
내면을 들여다보고 그들이 진정 원하는 걸 찾아 주는 일은 개개인에 대
한 진정성 없이는 불가능하다.

"당신에게 필요한 건 무엇입니까?"

하나의 질문으로 시작된 이 물음은 온전히 그 사람에 대한 사랑에서
비롯된 거라고 나는 믿는다. 그렇기 때문에 단 한 사람을 위한 프로그램
일지라도 온 마음을 다해 총력을 기울이는 것이다. 왜 그렇게까지 하냐
고 묻는다면 내게 가장 깊은 인상을 남겼던 한 청년의 이야기를 들려주
고 싶다.

어느 날 무채색 같은 청년이 찾아왔다. 그의 나이 스물다섯 살, 하고 싶은 것도 많고 무엇이든 도전해볼 수 있는 나이에 그는 모든 일을 버거워하기만 했다. 마치 자신이라는 사람은 이 세상에 존재할 필요가 없고, 어떤 쓸모도 없다는 듯한 태도였다. 억압적인 분위기의 가정환경이 그 원인이었을지 모른다. 감정 표현을 닫아버린 그가 유일하게 자신을 드러내는 수단은 예술이었다. 6개월간 상담 후 그에게 숙제 하나를 던졌다.

"루브르 박물관에 60일간 출근 도장을 찍어라!"

숙제의 성패는 중요하지 않았다. 중요한 건 그가 3개월간 파리에 살며 실제로 그 일을 시도했고, 한국에 돌아와 하고 싶은 일을 찾았다는 것이다.

"형, 이제 저 자신한테 욕심을 내도 될 것 같아요."

자신만의 갭이어를 마치고 돌아온 그의 첫 마디였다. 이 말을 들은 후부터 나는 더욱 강하게 결심했다. 누구든 꿈을 찾고자 하는 이들이 찾아온다면, 그들을 위해 내 모든 힘을 다하겠노라고. 그것이 어디에 있든 지구 끝까지라도 찾아보겠노라고. 말 그대로 전력투구를 하겠노라고.

사람은 A에서 얻고 싶은 게 있을 때 A에서만 답을 찾으려고 한다. 그런데 A에서 찾고 싶었던 걸 B나 C에서 발견할 수도 있다. 지금껏 죽도록 노력했지만 얻지 못했던 걸 상상조차 하지 않았던 상황에서 찾는 경우도 있다.

　이렇게 한번 생각해보자. 우리가 뭔가를 원한다면 이 세상 어딘가에
는 반드시 있지 않을까. 여기서 배우지 못하는 걸 다른 곳에서는 배울
수 있지 않을까. 비단 한국만이 아니라 세계 전체, 더 나아가 지구 자체
가 꿈터이자 학교가 될 수 있는 것이다.

시간의 가치를
어디에 둘 것인가

"가장 애착이 가고 좋아하는 프로 그램은 뭔가요?"

사람들이 자주 묻는 질문이지만 내 대답은 "없습니다!"이다. 새 프로 그램을 만들고 나면 내 관심과 기준은 프로그램 자체가 아니라 프로그램을 경험할 사람의 이야기로 옮겨간다. 물론 많은 인기를 끄는 프로그램이 있기는 있다. 스테이 프로그램도 그중 하나다. 국내에서든 외국에서든 한 곳에 머물며 하루 3, 4시간 짧게 일하고 나머지는 말 그대로 '멍 때리며' 보내는 프로그램이다.

이 프로그램이 왜 인기가 있는지 나조차 처음엔 의아해했는데, 어디로 가는지도 모른 채 바쁘게 살다가 잠시 멈춰 자신을 돌아보는 시간이라 많은 분들이 좋아하는 것 같다. 갭이어라는 말과도 가장 잘 어울린다는 피드백을 받기도 한다. 외국 여행을 하는 것보다 외국에서 살아보는 게 더 좋다는 필요성도 한몫했을 것이다.

스테이 프로그램을 만들게 된 계기는 경제적 형편이 빠듯한 친구들을 위해서였다. 몇몇 사람들이 갭이어는 돈 많은 사람들만 할 수 있냐는 말을 했는데, 이런 문제를 해결할 프로그램이 무엇일지 고민했다. 그렇게 고민한 결과, 무전여행 때 경험을 살려 돈이 부족하면 노동과 교환하면 되겠다는 생각이 들었다. 단, 조심스러운 부분은 외국에서 일하며 받는 노동의 대가는 기대보다 적을 수도 있다는 점이다.

스테이 프로그램은 넓은 공간이 필수적이다. 이탈리아 베네치아에서도 제안이 들어왔지만 고민 끝에 사절했다. 도시라고 해도 공간만 확보되면 괜찮겠지만 베네치아는 지나치게 관광 도시다. 이왕이면 숲이나 벌판 등 훼손되지 않은 자연이 있고 단순노동을 할 수 있는 곳이면 좋을 것 같았다. 노동 후 나머지 시간은 본인이 하고 싶은 걸 하면 된다.

스테이 프로그램을 시작하면서부터 청년들의 노동 가치에 대한 생각을 많이 했다. 눈에 보이는 구체적인 문제점보다 더욱더 안타까웠던 건 참가자들이 자신의 시간이 굉장히 비싸다는 걸 깨닫지 못한다는 사실이었다. 그래서 가능하다면 자신의 진로와 관련 있는 분야의 일을 경험해보라고 권하고 싶다. 패션 관련 일을 하고 싶다면 백화점이나 의류 도매시장에서 판매하는 일을, 마케팅이나 홍보에 관심이 있다면 SNS를 관리하는 일을, 유통과 물류에 관심이 있다면 물류센터 아르바이트를 하면 도움이 될 것이다.

청년들의 시간은 귀하고 비싸다. 하지만 실제로는 지나치게 싼 값에 그들의 노동력이 팔리고 있다. 자신의 노동 가치를 모른 채 돈을 벌기 위해서만 일해야 한다면 삶의 우선순위를 빼앗긴 것이나 다름없다. 이 때문에 청년들이 잠깐이라도 좋으니 일하기 전 10분만이라도 집중해서 자신의 미래와 진로에 대해 생각하는 시간을 가졌으면 한다. 종종 이런 질문을 청년들에게 던진다.

"당신의 시간 중 10시간을 내게 팔라고 한다면 얼마에 팔겠어요?"

"20만 원이오."

"그럼 지금 2만 원 이상 하는 아르바이트를 하고 있어요?"

"아니요. 6,000원이오."

이것이 바로 지금 청년들의 현주소일 것이다. 친형이 대학생이 되었을 때 집에서 누워만 있는 모습을 보고 왜 일을 안 하냐고 물은 적이 있다. 막연히 대학생이 되면 열심히 아르바이트하고, 데이트도 하는 그림을 그리고 있었던 것 같다. 그런 형을 보면서 속으로 바보, 멍청이라고 생각했는데 그때 형이 그런 말을 했다.

"그럴 시간에 차라리 안 쓰고 안 먹고 내가 하고 싶은 걸 할 거다. 내 시간이 아까워."

어린 나에겐 이해가 되지 않았지만 지금은 시간의 소중함을 충분히 자각하고 있다.

시간은 소비보다 가치 있고 소중한 것이다. 이렇게 얘기하면 어쩌면 '열정 페이를 찬성한다는 건가?' 하는 의문이 생길지도 모르겠다.

실제로 위와 같은 얘기를 했다가 한 학생에게 "우리나라 최고의 예술가에게 일을 배울 수 있는 경험과 시급 6,000원짜리 아르바이트 중 무엇을 선택하시겠어요?"라는 질문을 받았다. 이에 대해 "제 꿈이 예술가이고 존경하는 선생님 밑에서 배울 기회가 온다면, 당연히 그분께 배우는 길을 선택하겠습니다"라고 대답했다.

이것이 나의 솔직한 마음이었다. 물론 이런 청년들의 열정을 악용하여 그들의 노동을 의도적으로 착취하는 구조가 된다면 당연히 문제라고 생각한다. 그러나 선택의 기로에 섰을 때 무엇을 가치 기준으로 삼을 것이냐는 매우 중요하다. 시간의 가치를 '배움'에 둘 것인가, '돈'에 둘 것인가? 선택은 차이를 만들고, 그 차이는 시간이 지날수록 커진다. 미성숙하고 경험이 없다면 일단 배워야 한다. 그리고 실력을 키운 뒤에 자신의 능력에 합당한 보상을 받아야 한다.

누구에게든 보물 같은 자신의 모습이 있다. 주변의 거품을 걷어내면 걷어낼수록 자신이 가고 싶은 길이 또렷이 보이기 마련이다. 그럼 어떻게 해야 자신이 원하는 걸 할 수 있을까. 사람들이 갖는 환상 중 하나가 뭔가 엄청난 경험을 하면 성격은 물론 삶도 완벽하게 바뀔 거라는 생각이다. 하지만 그건 착각이다. 자기 삶을 바꾸는 데 지진이나 허리케인 같은 엄청난 경험은 필요 없다.

자동차는 2~3만 개 정도의 부품으로 되어 있다. 단 하나의 부품이라도 이상이 생기면 차는 고장 나기도 하고, 아예 망가지기도 한다. 그러나 그 부품을 고치거나 바꾸면 고장 난 차는 다시 움직인다. 이처럼 사람에게도 각자 취약한 부분이 있다. 몇 가지의 삶의 조건이나 생각 혹은 습관을 바꾸면 삶은 변하기 시작한다. 터닝 포인트가 생기는 것이다. 이렇게 삶의 전환점을 만드는 것이 중요하다.

나 또한 수없이 변하는 경험을 했고 갭이어를 통해 누군가를 변화시키는 일을 하고 있지만, 사람은 그리 쉽사리 바뀌지 않는다. 사람을 변화시키는 건 경험 그 자체가 아니라, 자신의 경험을 어떻게 받아들이고 어떻게 스스로 소화하느냐에 달려 있다. 그렇기에 터닝 포인트를 맞았다 하더라도 계속해서 자신을 바꿔나가는 시간, 즉 '훈습'의 시간이 필요하다. 예컨대 하루하루 아주 조금씩 살이 빠진다면 본인은 잘 알아차리지 못한다. 그러나 시간이 지난 후 거울을 보면 비로소 깨닫게 된다.

갭이어의 진정한 의미는 단지 다른 환경에서 다른 경험을 하는 데 있는 게 아니라, 변화에 익숙해지는 자신과의 대화, 그 과정에서 무언가를 꾸준하게 연습하며 갈고 닦는 데 있다. 이것을 원활하게 할 수 있는 환경에 있다면 우리는 좀 더 쉽게 자신을 변화시켜갈 수 있다.

Part 4

나를 찾고

미래를 탐색하는 시간,

갭이어

지금 하고 있는 일이
진정 내가 원하던 것인가

예전에 기사 하나를 보았다. 영국 북부에서 열린 한 마라톤 경기에서 5,000명이나 되는 선수들이 실격을 당했다는 내용이었다. 1등은 마라톤 코스로 잘 들어왔지만 그 뒤를 따르던 5,000여 명의 선수들은 실격패를 당했다. 2등과 3등이 경쟁을 하며 원래 코스가 아닌 다른 코스로 진입했기 때문이었다. 그 뒤를 따르던 많은 선수들 역시 그들을 따라가다 실수를 한 것이다. 앞에서 열심히 뛰니 그들을 따라 뛰었고, 바로 옆에서 열심히 속도를 내니 뒤처지지 않기 위해 더 열심히 뛰었다. 게다가 뒤에서도 쫓아오니 최선을 다해 빠르게 뛰었는데 결승점에 가서야 자신이 탈락했다는 사실을 알게 된 것이다.

태어나는 순간 우리는 인생이라는 마라톤을 시작한다. 인생이 뭔지 알지도 못하던 어린 시절, 말귀를 알아듣기 시작하면서부터 사람들은 나에게 꿈을 묻기 시작했다.

"꿈이 뭐니?"

이 질문을 처음 받았을 때는 막연하고 당혹스러웠다. 그때까지 한 번도 꿈에 대해서 생각해본 적이 없어서였다. 그래서 왜 이런 질문을 하는지, 어떤 대답을 해야 하는지 어린 마음에도 이유를 알 수 없어 혼란스러웠다. 나는 10대가 다 지나도록 꿈에 대해 할 말을 찾지 못했다.

10대 시절, 나는 괴로웠다. 학년이 올라갈수록 무기력함을 느꼈다. 의무감 때문에 겨우 책상 앞에 앉아 있을 뿐이었다. 새벽까지 공상을 하며 시간을 보내다가 늦잠을 잤다. 그러다가 아침에 깨어나면 비몽사몽하는 정신으로 학교로 갔다. 격렬한 갈등을 겪는 정신과 달리 몸은 좀비처럼 앉아 있다가 하루 일과가 끝나면 다시 침대에 눕는 일을 반복했다.

대학 생활을 시작했지만 그저 나이를 한 살 더 먹었을 뿐이었다. 코스에서 벗어난 마라토너처럼 목적지를 잃고 방황하는 날들이 이어졌다. 취업 공부에 매달린 친구들하고도 섞이지 않았고, 자신의 꿈을 찾노라 노력한다는 친구들하고도 어울리지 않았다. 무엇을 해야 할지 몰랐지만, 아무것도 하지 않는 건 불안했다.

비단 나만이 겪은 일은 아닐 것이다. 모두들 어디로 가는지도 모르면서 무조건 사회가 만들어놓은 마라톤 레이스를 하는 가운데 매년 6만 명가량의 중고생들이 자퇴를 한다. 대학에 진학하고, 사회가 요구하는 스펙만을 쌓는 동안 대한민국의 청년들 35만 명은 꿈은 잃어간다. 힘들게 취업을 하고도 1년 내에 30퍼센트가 넘는 청년들이 이직을 한다. 가장 큰 이유는 자신의 적성과 회사 일이 맞지 않다는 것이다.

청년들은 죽도록 스펙을 쌓고 노력한 끝에 들어간 회사에 입사해서야 앞으로 자신이 해야 할 일이 적성에 맞지 않다는 걸 깨닫는다. 이직을 할지 말지를 고민하기 전에 자신의 적성을 미리 체험해볼 수 있는 기회는 없을까? 오직 골라인을 향해 옆 선수와 경쟁하며 제대로 가고 있는 것인지도 모른 채 앞으로만 뛰어야 할까.

이 세상의 많은 사람들이 이런 문제로 고민했음이 틀림없다. 많은 나라에서 갭이어가 문화로 자리 잡은 걸 보면 말이다. 나는 영국 마라톤 기사를 보면서 경쟁에 한눈이 팔려 길을 잘못 들어선 마라토너들도 딱했지만 한 번이라도 멈춰 서서 이 길이 맞는지 고민한 마라토너가 없다는 사실이 더욱 놀라웠다. 우리 인생과 어쩌면 이렇게 비슷한가 싶기도 했다.

마라톤 같은 긴 인생에서 잠시 자신을 돌아보는 갭이어를 갖는다면, 결승점까지 잘못된 코스를 뛰는 실수는 없을 것이다. 갭이어란, 잠시 학업을 중단하거나 병행하며 봉사, 여행, 진로 탐색, 교육, 인턴, 창업 등의 활동을 직접 체험하고, 이를 통해 향후 자신이 나아가야 할 방향을 설정하는 시간을 뜻한다. 학생, 사회인, 직장인 들의 학업과 직무 능률을 올리는 제도임과 동시에 사회적 문제점 등을 바로잡을 수 있는 문화로 세계적으로 권장되고 있다.

갭이어는 영국에서 1960년대에 처음 도입되었다. 고등학교 3학년을 졸업하고 대학교 1학년에 진학하기 전에 1년 정도 휴학을 하고, 세상으로 나아가 자신에게 맞는 경험을 하라는 이유에서였다. 윌리엄 왕자와 배우 엠마 왓슨이 참여할 정도로 대중적인 제도이자 문화로 자리 잡고 있다.

아일랜드는 고등학교 1학년 때 갭이어를 선택제로 시행하고 있다. 중학교 3학년을 마치고 나면 자신의 선택에 따라 고등학교를 다닐 것인지 안 다닐지 선택한다. 고등학교 1학년을 다니게 되면 오전에 필수 과목을 들은 다음 자신의 학업 스케줄에 따라 연극 등 예체능을 배우러 가거나, 봉사 활동 같은 사회 활동을 진행하거나, 자신의 적성에 맞는 직장에 가서 직업 체험을 하기도 한다. 고등학교 1학년 때 갭이어를 선택하지 않은 학생은 2학년으로 진급하여 대입을 준비한다. 아일랜드의 이러한 문화는 고등학생들에게 삶의 목표를 찾게 해준다. 갭이어는 학생들의 성적을 향상시키고, 평생 추구하고 싶은 꿈의 방향을 찾게 돕는다. 갭이어라는 제도의 효용성과 효율성 덕분에 유럽의 많은 국가들이 다양한 형태로 갭이어를 받아들이게 되었다.

호주에서도 갭이어 제도가 시행되고 있으며, 미국과 캐나다 역시 갭이어가 문화로 자리 잡았다. 우리가 알고 있는 아이비리그 또한 다양한 방법으로 갭이어를 시행하고 있다. 세계 최고의 대학 중 하나로 뽑히고

있는 하버드대학교는 입학과 동시에 갭이어를 권장하는 편지를 보낸다.

세계 최고의 대학을 다닌다는 건 자신만을 위한 일이 아니라 다른 사람도 위하는 일이 되어야 하는데, 이를 위해 갭이어를 권장하는 것이다. 물론 자신이 공부하는 이유와 목표를 설정하는 것 역시 권장 사항 중 하나다. MIT와 프린스턴대학교 역시 자체적으로 프로그램을 개발하여 갭이어를 지원하거나 학기 중에도 가질 수 있도록 갭이어 장학제도를 갖고 있다.

일본에서도 2011년부터 갭이어를 받아들였다. 도쿄대학교는 갭이어를 가질 수 있도록 입학 시기를 9월로 조정하는 등 다양한 방식으로 제도적 지원을 하고 있다.

이렇듯 세계 많은 나라들이 성인이 되기 전 고등학교를 졸업하고 사회로 나아가는 청춘들에게 꿈을 꿀 수 있는 시간을 준다. 성인이 된 청년들에게 공부하는 이유, 학과를 선택하는 이유, 꿈 꾸는 것 등을 자신의 힘으로 해보게끔 만들고 있는 것이다.

갭이어 시기에는 다양한 활동을 할 수 있지만 크게 직업 체험, 교육, 여행, 봉사 정도로 압축된다. 직업 체험은 세 가지로 분류되는데, 국내외 인턴, 직장 체험, 그리고 창업이다. 인턴을 선택할 경우 일부 국가에서는 주중 2일 정도 출근해서 3~4시간을 일하면서 자신의 성향과 하고 싶은 일이 맞는지 판단한다. 산업군에 따라서 자신이 하고 싶은 일과 성향이 다를 수 있기 때문이다.

직업 체험을 경험하면서 갭이어를 보내는 것도 직업을 선택하는 데 도움이 될 수 있다. 한국 사회에서 남성 문화가 강한 자동차 제조업 같은 경우, 여성은 성향의 차이를 느낄 수도 있다. 반면 여성 문화가 강한 회사 역시 남성들에게는 힘든 업무 구조일 수 있다.

갭이어의 창업 프로그램은 다양한 방식으로 이루어진다. 대학 재학 중 또는 갭이어 기간 동안 자신의 아이디어로 창업을 진행하는 이들도 있고, 창업 팀에 들어가서 일을 시작하는 사람들도 있다. 최근에는 여러 사회문제가 많아지면서 뜻이 맞는 사람들이 모여 사회문제를 해결하려는 목적을 갖고 사회적 기업을 만드는 프로그램에 참여하기도 한다.

갭이어의 교육 프로그램 역시 다양한 방식으로 진행된다. 전문 교육과 학문 연구, 진로 탐색이 대표적인 항목이다. 전문 교육의 경우에는 와인, 커피, 만화, 대중음악 등등 대학에서 정규 교육으로 선택하지 않거나 어느 한 분야만 택하기에는 재능이 다양할 때, 잠시 갭이어를 갖고 자신의 재능을 확인해볼 수 있다.

처음 한국갭이어라는 회사를 창업했을 때는 우리나라에 아직 갭이어라는 단어 자체가 알려지지 않았기 때문에 그 개념을 이해시키는 일부터 쉽지 않았다. 그래서 '휴학'이라는 개념을 끌어들여서 일단 기존 프레임에 대한 인식을 바꾸는 것부터 시작해야 했다. 우리나라 대학생들에게 물었더니 휴학은 스펙을 쌓기 위해 필요한 시간이라는 인식이 강했다. 그러나 외국 친구들에게 갭이어란, 자신이 해야 하는 일, 즉 직업을 위해 시간을 갖는 것이 아니라, 자신이 하고 싶은 일을 위해 시간을 갖는 것이다. 이것이 '휴학'과 '갭이어'의 핵심적 차이다. 해야 되는 걸 하는 시간이 아니라 하고 싶은 걸 하는 시간으로의 인식 전환이 필요하다. 갭이어를 시작했을 당시나 현재나 내가 가장 원하는 모습은 딱 하나다.

"엄마, 나 갭이어 가질래."

"그래, 그러렴."

이렇게 갭이어가 하나의 문화로 자리 잡아 자연스러운 일이 되는 것이다. 여행을 통해 만난 외국 청년들에게 갭이어는 보통명사였다. 내가 무엇을 해야 할지, 어떻게 살아가야 할지 잘 몰라서 여행을 떠났던 것처럼 그들도 그랬다.

"내가 앞으로 어떠한 일을 할지 모르기 때문에 세상을 배우고 싶어."

"앞으로 특정 분야에서 일하고 싶은데 그 분야의 전문 지식과 다양한 시각을 얻고 싶어."

이런 이유로 갭이어를 갖는 사람들이 많았다. 워킹홀리데이를 하며 돈을 벌고 여행을 다니는 청년들도 있었고, 유럽 내 국가에서 거주하며 자신의 국가에서 벗어나 다른 국가에서 인턴을 하기도 했다. 아시아와 아프리카 지역에서 봉사를 하는 청년들도 만났다. 다양한 곳에서 다양한 모습으로 그들은 자신만의 갭이어를 갖고 있었다.

이들 하나하나를 만날 때마다 잔잔한 충격이 물결처럼 밀려왔다. 그들은 우리처럼 책으로만 진로를 선택하는 게 아니라 경험으로 진로를 선택하고 있었다. 시간이 지나면서 충격은 조금씩 사라지고, 그들이 하는 이야기도 당연하게 생각되었지만 여전히 그때 받은 충격은 내 머릿속에 각인되어 있다.

우리가 자신의 진로를 위해 고민하고, 고생하며, 경험을 해봐야 하는 건 당연한 일이다. 우리는 영화 한 편을 볼 때도 영화에 대한 정보나 영화평을 찾아본다. 영화를 좋아하는 사람에게 추천도 받고, 여러 영화 중 무엇을 볼지 고민한 후 인터넷으로 예매를 하거나 영화관에서 표를 산다. 영화를 볼 때도 이런 과정을 거치는데 직업 선택이라는 인생의 중요한 일에 대해서는 왜 그렇게 탐색하고 점검하는 과정을 거치지 않는지, 신기할 정도다.

단 한 번뿐인 소중한 인생이다. 특히 직업은 한 번 선택하면 최소한 4~5년 일하는 것이 경력을 쌓는 데 유리하다. 사람에 따라서는 첫 번째 직업을 어떻게 선택하느냐에 따라 앞으로 20~30년간 할 일이 결정될 수도 있다. 그런데 이렇게 중요한 선택을 자신과 맞는지 안 맞는지도 생각하지 못한 채 선택하는 게 과연 옳을까. 단지 대기업이라는 이름으로, 연봉이 높다는 이유로 그곳을 선택하는 건 아닐까.

진로에 대해 고민하려고 여행을 떠난 건 아니었지만 길 위에서 수많은 청춘들을 만나면서 나는 여러 가지 궁금증이 피어올랐다. 그들은 왜 여행을 떠난 걸까. 그래서 나는 이렇게 물었다.

"넌 여기 왜 있는 거야?"

"갭이어 중이야. 이곳에서 인턴을 하고 있어."

"어떤 인턴 과정인데?"

"고등학교를 다니면서 막연하게 사람들을 도와주는 일을 해보면 어떨까 생각해봤거든. 그래서 이곳의 NGO에서 일하고 있어. 누군가를 돕는 일이 정말 내 성향에 맞는지, 내가 오랜 시간 이 일을 하며 살아갈 수 있을지, 경험하고 생각하는 중이야."

그들은 제각기 하고픈 일은 달랐지만 열정을 다해 하고픈 일을 찾는다는 공통점이 있었다. 오디션 프로그램 〈슈퍼스타 K〉의 우승으로 유명해진 로이 킴도, 대학교 진학을 잠시 미루고 갭이어를 가졌다고 말했다. 그는 갭이어를 통해 한국에 와서 음악을 배우며 오디션 프로그램에 진출해 자신의 재능을 확인하고 가수라는 직업을 선택할 수 있었다.

갭이어는 하나만이 전부라고 생각하던 삶의 패턴에서 벗어나 다른 꿈을 꿀 수 있는 기회를 준다. 누군가 갭이어가 뭐냐고 묻는다면 나는 이렇게 대답하겠다.

"꿈으로 가는 통로입니다."

갭이어가 꿈으로 가는 통로라면, 그 통로는 어떻게 만들 수 있을지 고민해보자. 이제부터는 그 통로를 탐색해볼 시간이다. 다음에 이어지는 '셀프 갭이어' 과정을 따라가면서 미래를 향한 4개의 계단을 하나씩 올라가보자.

'셀프 갭이어' 첫 번째 미션
: 방해물 탐색하기

누군가 나에게 지우개를 던진다. 나도 모르게 눈을 감고, 머리를 돌려 지우개를 피한다. 사실 그는 지우개를 던지지 않았다. 그냥 던지는 시늉만 했을 뿐이다. 하지만 나는 그가 지우개를 던졌다고 생각한다. 날아오는 지우개를 보지도 않았는데 눈은 저절로 감기고 머리는 자동으로 움직인다. 생각하고 움직인 게 아니다. 무언가 나에게 날아올 때 몸에 맞았던 기억이 저절로 눈을 감게 하고 머리를 돌리는 조건반사를 일으킨 것이다.

속담 중에 '자라 보고 놀란 가슴 솥뚜껑 보고 놀란다'는 말이 있다. 자라를 보고 놀랐던 경험이 있으면, 자라와 비슷한 솥뚜껑을 보고도 놀란다는 뜻이다.

A는 정말 사랑하던 사람과 어쩔 수 없이 이별하게 되었다. 슬픈 감정에 복받쳐 몇 달을 울면서 보냈다. 마음이 조금 안정되었다고 느낀 순간 길을 걷다가 갑자기 눈물이 쏟아졌다. 우연히 옆을 지나간 사람에게서

헤어진 연인이 자주 쓰던 향수 냄새를 맡아서였다. 그 후로도 A는 비슷한 향수 냄새를 맡을 때마다 울적해졌다. 앞서 나온 지우개 이야기가 행동에 대한 조건반사였다면 향수는 감정에 대한 조건반사다.

조건반사는 지우개를 피할 때나 헤어진 연인의 향수 냄새를 맡았을 때처럼 행동과 감정에만 해당되는 건 아니다. 누군가에게 선물하기 위해 물건을 살 때도, 해결되지 않은 문제 속에서 답을 찾기 위해 고민할 때도, 사람과 관계를 형성할 때도 조건반사는 도처에 존재한다.

자신의 인생을 결정할 꿈과 목표를 결정할 때도 마찬가지다. 조건반사에 의지한다는 걸 자신이 인지하지 못할 뿐이다. 심지어 조건반사적으로 우리는 미래상을 그리기도 한다. 사람마다 살아오면서 겪은 경험과 감정에 대한 특정한 조건반사를 갖고 있다. 이 특정한 조건반사가 새로운 생각과 시도를 가로막는 방해물이 된다.

컨설팅 중에 있던 한 사례다. 한 여학생이 자신만의 갭이어를 어떻게 보낼 것인지 상담하러 왔다. 한창 얘기 중이었는데 가족과 주변 상황에 대해 얘기할 때 유독 말을 흐리며 대충 넘기려 한다는 사실을 깨달았다. 그중에도 특히 '엄마'라는 말을 할 때 심했다. 일부러 '엄마'라는 단어를 짚으며 질문하자 눈물이 펑펑 쏟아졌다.

"왜 우세요?"

"그냥 눈물이 나와요. 왜 우는지도 모르겠어요. 막 눈물이 나와요."

그녀가 마음을 가라앉히기를 기다렸다. 한참이 지나도 울음은 잦아지지 않았다. 나는 그녀에게 실컷 울라고 말하며, 자리를 비켜주었다. 30분이 지나도, 1시간이 지나도 그녀의 울음은 그칠 줄 몰랐다.

"하고 싶은 말 있으면 무엇이든 해보실래요?"

"지금까지 엄마가 하지 말라고 했어요."

"무엇을 하지 말라고 했어요?"

"다요. 전부 다. 그게 뭐든 제가 하고 싶은 건 모두 못하게 했어요. 엄마는 제가 무슨 말만 하면 하나하나 따지고 들면서, 항상 내가 잘못하고, 쓸모없는 사람인 양 만들어요."

"어머니가 논리적이신가요?"

"논리적이라기보다는 본인 마음에 안 드는 거죠. 성적이 안 나와도 그렇고 남자친구를 사귀어도 그렇고. 엄마 마음에 드는 게 단 한 가지도 없대요. 제가 하고 싶었던 것들이 있었는데……. 다 못하고 말았어요. 내 존재 자체가 엄마한테 거절당하는 기분이 들어요. 그걸 생각하니 계속 눈물이 나요."

"어머니가 그러실 때마다 무슨 생각을 하게 되나요?"

"그냥 별 생각 안 들어요. 감정도 놓아버리게 되고, 하고 싶은 것들도 놓아버리게 되요. 하고 싶었던 일들에 대한 이유, 그걸 통해서 앞으로 하고 싶었던 것들까지 하나둘씩 놓아버리게 되요. 머릿속에 제가 준비

해둔 것들이 사라져간다는 느낌이 맞으려나. 그냥 머릿속에서 다 없어
져버려요."

"이런 일들이 자주 있었어요?"

"중·고등학교 때는 자주 있었어요. 지금은 그렇게 많지 않아요. 제가
엄마에게 말을 덜 하거든요. 그래도 요즘은 싸우진 않는데. 그래서 제가
왜 우는지 더 모르겠어요."

"어머니는 본인에게 무엇을 주로 요구하시나요?"

"그것도 잘 모르겠어요. 제가 하고 싶은 것들을 엄마에게 말하면 결
론은 항상 다른 걸로 나버려요. 네 생각이 별로라고도 하고, 성과도 없
을 거라고 해요. 고등학생 때는 대학에 가야 하니까 쓸데없는 짓 하지
말라고 해서 그 말을 따랐는데, 지금은 뭐가 잘못됐는지 모르겠어요."

"그럼 어머니가 하지 말라고 하는 건 안 했어요? 한 번이라도 하고
싶은 걸 시도해본 경험은요?"

"그런 적이 있긴 있어요. 정말 하고 싶은 건 하긴 했죠. 그런데 항상
결과가 좋진 않았거든요. 그럴 때마다 엄청나게 잔소리를 들었어요. '거
봐라, 내가 뭐라고 했니. 안 될 거라고 했지' 이런 말들. 결과가 적당하게
나왔어도 칭찬하기보단 이런저런 부분들을 고쳐서 했으면 더 좋았을
거고 그럼 결과가 더 좋았을 거라는 말을 해요."

이런 식으로 대화를 한참 더 주고받았다. 어머니에 대한 이야기, 자신

이 공부하고 경험해온 것들에 대한 이야기, 누군가에게 놀림받거나 다른 이를 힘들게 한 이야기까지 하나하나 털어놓으며 어릴 적부터 지금까지 자라온 과정을 짚어 내려갔다. 그녀에게 어머니는 절대적인 존재였다. 그녀에게 모든 걸 하게 할 수도 있고, 무엇이든 안 하게 할 수 있었다. 어머니가 하지 말라고 하는 건 절대 할 수 없었고, 하라고 하는 건 싫어도 하는 시늉이라도 해야 했다.

이 여학생은 '엄마'가 방해물이라고 믿고 있었다. 그러나 타인이 내 꿈에 진정한 방해물이 될 수는 없다. 진짜 방해물은 엄마가 방해물이라고 믿는 '내 생각'이다. 우선 생각의 전환이 필요했다. 예를 들면 다음과 같이 생각해보는 것이다.

여러분에게 알게 된 지 몇 주 되지 않은 친구가 있다고 상상해보자. 그런데 그 친구를 알게 된 순간부터 그가 요구하는 걸 나는 무조건 들어줘야 한다. 앞으로 그 친구가 원하는 건 조건을 달지 않고 뭐든지 다 해줘야만 한다. 먹고 싶은 건 무조건 먹게 해줘야 하고, 잠을 자고 싶으면 무조건 잘 수 있게 해줘야 한다. 돈이 들어가는 일이 생기면 그 친구를 위해 우선적으로 소비해야 한다. 그 어떤 예외도 없으며, 그 친구는 오직 자신만을 챙겨주는 게 앞으로 너와 나의 관계에 대한 의무라고까지 말한다. 무조건 오직 자신만을 챙겨달라는 친구에게 당신은 과연 어떤 대답을 할 수 있겠는가.

이 이야기는 그녀와 어머니와의 관계를 다른 시각에서 보기 위해 만들어낸 것이다. 대부분의 자녀는 어머니 뱃속에서 거의 10개월을 함께 살다가 세상에 나와 '무조건'이라는 이름으로 모든 걸 해달라고 어머니에게 요구한다. 자녀는 부모에게 무조건적인 사랑을 원하고, 세상 역시 '부모의 의무'라는 이름과 함께 자녀에 관한 일에는 언제 어디서나 무조건적으로 베풀라고 한다. 어느 날 당신에게 갑자기 한 존재가 찾아와 무조건적인 사랑을 요구한다고 가정해보자. 자신은 힘이 없고 나약하기 때문에 당신이 무조건 돌봐주기를 원한다고 말한다. 그 누구도 쉽게 알았다고 말하진 못할 것이다. 하지만 대부분의 부모님은 훌륭하게 무조건적인 사랑을 해준 분들이며, '무조건'의 규칙을 넘어 인성과 외모와 습관까지 하나하나 신경 써서 가르치며 우리를 키워온 존재다.

부모님은 훌륭한 존재라고 설득하기 위해 이 이야기를 그녀에게 한 건 아니었다. 그녀가 어머니에게 품고 있는 분노와 슬픔에 충분히 공감도 갔다. 그러나 그녀가 성장하기 위해서는 자신이 정말 원하는 인생을 살지 못하는 이유를 그 누군가의 탓으로 돌리는 것부터 멈춰야 했다. 이것은 아주 길고 어려운 작업 과정이기도 하다.

인간은 성장한다. 부모를 통해, 그리고 나를 둘러싼 환경을 통해 성장한다. 그러나 나를 사랑으로 성장시켜준 요소들이 종종 다음 성장을 방해하기도 한다. 우리는 조건반사를 통해 자신의 꿈을 방해하는 요소들을 발견할 수도 있지만, 그런 요소들은 삶에 다양한 형태로 잠재하고 있어서 쉽게 인지하지 못하기도 한다. 이때는 자신을 들여다보는 일, 즉 자아성찰이 꼭 필요하다.

자아성찰은 자기 내면의 소리에 귀를 기울이는 일이다. 이때 감정은 걷어내고, 자신을 객관적으로 보는 과정이 필요하다. 그래야 비로소 꿈을 방해하는, 자신과 결부된 고질적인 문제를 발견할 수 있다.

이제부터는 이런 고질적인 문제를 일으키는 방해물들이 어떻게 꿈을 가로막을 수 있는지 다음의 질문을 통해 자세히 살펴보자.

| '셀프 갭이어' 첫 번째 미션 |

당신은 무엇을 원하고 있나요?
진짜 원하는 것이 무엇인지 찾아봅시다.

작성 방법

시간과 돈이 여유롭다고 가정하고, 자신이 해보고 싶은 일 30가지를 적어

보세요. 30가지 일을 적은 후, 그 일을 했을 때 느끼게 될 감정이 무엇일지

생각해보고 옆에 적어보세요. 감정을 다 적었으면 그 감정을 한 단어(용기,

이타심, 보람, 성취감 등등)로 표현한 후, 유사 단어끼리 묶어 분류해보세요.

번호	하고 싶은 일	느끼게 될 감정	감정 분류
예)	산티아고 순례길 걷기	나도 할수 있다	용기
1			
2			
3			
4			
5			
6			
7			
8			
9			

번호	하고 싶은 일	느끼게 될 감정	감정 분류
10			
11			
12			
13			
14			
15			
16			
17			
18			
19			
20			
21			
22			
23			
24			
25			
26			
27			
28			
29			
30			

진단

1. 감정을 분류한 것이 단어 1~2개로 좁혀지는 경우: 자신이 하고 싶은 일이 강력합니다. 또한 내가 무엇을 하고 싶은지 알고 있습니다. 지금 당장 하고 싶은 일들을 해야 하는 경우입니다. 그렇게 하지 못할 경우 자기 삶을 변화시키기 어렵습니다. 용기를 내서, 하고 싶은 일을 하기 바랍니다. 지금까지 당신은 단 한 번의 용기를 내지 못했을 뿐입니다.

2. 분류한 것이 단어 5~6개 내외로 나온 경우: 가장 많이 나온 단어들을 우선으로 갭이어 시간을 보내는 것이 좋습니다. 많이 나온 단어들을 우선순위로 진행하다 보면 적게 나온 다른 감정들은 그동안 변하거나 욕구가 사라질 수도 있습니다.

tip

본인이 하고 싶은 일이라고 적은 것들은
그동안 갖고 있던 생각과 방법뿐만 아니라 다른 방법으로도
실현할 수 있다는 것을 알아야 합니다.
무엇인가를 하고 싶은 이유는 대부분 그것이 오래전부터
결핍되어 있었기 때문입니다. 하나하나 하고픈 것을 해나가다 보면
자연스럽게 방해물이 제거됩니다. 조금만 용기를 내세요.
자신의 다른 모습을 만날 수 있을 것입니다.

'셀프 갭이어' 두 번째 미션
: 웅덩이에서 빠져 나오기

베이징대학교에 다니는 한 학생이 있다. 그의 삶의 목표는 대기업 입사와 고액 연봉이다. 18개의 컴퓨터 관련 자격증에 국내외 대기업의 인턴십까지 모두 섭렵하였고 여러 분야에서 굉장히 뛰어난 역량을 보여주었다. 그는 매우 높고 빠른 목소리로 본인의 역량으로 대기업에 갈 수 있는지 쉬지 않고 물었다.

그런데 웬일인지 그는 실제 대기업 인사 담당자로부터 "당신 같은 사람을 선택하지 않겠다"라는 평을, 심리 상담사로부터는 "불행한 사람이다"라는 평을, 또래 친구들로부터는 "거리감이 느껴진다"라는 평을 받고 충격을 받았다.

이 사례는 EBS 다큐멘터리에 나온 한 취업 준비생의 이야기다. 그의 꿈을 가로막는 문제는 무엇일까. 그는 외부 평가에 민감하다. 남들이 이야기하는 성공에 관심이 높다. 여기에서 그의 문제점이 드러난다. 자신이 무엇을 좋아하는지보다는 외적인 평가와 기준에 온통 관심이 쏠려 있다.

그는 원래 지방대에 다녔고, 다시 공부해서 베이징대학교에 입학했다. 그가 지방대에 다닐 때 친구들은 그가 다니는 대학이 어디에 있는지도 몰랐다. 그는 그때 받았던 수치심을 잊지 못했다. 그때의 감정은 그를 자극하였다. 그가 베이징대학교에 합격하자 그의 동네에는 현수막까지 붙었다. 그에게는 소위 간판이라고 불리는 게, 더 크게는 타인의 인정이 자기 자신보다 중요했다. 그리고 타인들의 시선과 평가에 얽매여 살다보니 어느새 자신을 잃어버리고 말았다.

그가 자신을 잃게 된 이유는 자신을 잡아끄는 웅덩이에 빠졌기 때문이다. 그 웅덩이는 우리의 꿈을 가로막은 방해물 중에서도 특히 내면의 취약한 부분을 의미한다. 어떤 방해물은 방해물로 끝나지만 어떤 방해물은 열망을 꺾어버리고 삶의 한 부분을 지워버릴 만큼 강력한 웅덩이일 수도 있다. 웅덩이는 부모님의 지나친 기대일 수도 있고, 선생님의 꾸지람일 수도 있고, 가정환경일 수도 있다. 선생님이 무심결에 했던 평가 한 줄이, 내 친구가 뒤에서 했던 험담 한마디가, 어린 시절 여름날 계곡에서 물에 빠진 경험이, 모두 웅덩이가 될 수 있다.

웅덩이가 꼭 나쁜 역할만 하는 건 아니다. 분발심을 일으켜 용기를 내게도 해준다. 하지만 대개는 다시는 나올 수 없도록 나를 가로막는 경우가 많다. 멋진 바이올리니스트의 연주를 보고 그를 동경하여 열심히 연습해서 바이올리니스트가 될 수도 있지만, 누군가는 이 연주를 보고 자신의 능력에 좌절해서 바이올리니스트를 포기하기도 한다.

웅덩이는 일종의 트라우마로 볼 수 있다. 너무 아픈 경험은 사라지지 않고 내면에 남는다. 때로는 살면서 좋은 경험을 많이 하면 치유되기도 하고, 본인 스스로 적극적인 노력을 통해 극복하기도 한다. 그러나 내 아픔이 무엇인지도 모른 채 웅덩이에 갇혀 빠져나오지도 못하고, 앞으로 나아가지 못하는 사람들도 많다.

갭이어 컨설팅에는 보통 세 종류의 사람들이 찾아온다. 웅덩이 때문에 더 이상 앞으로 나아가지 못하고 길에 멈춰 있는 경우, 웅덩이에서 빠져나오는 방법을 이미 알고 있는 경우, 마지막으로 웅덩이에서 나오긴 했는데 어떻게 해야 할지 모르는 경우다.

여러분 자신은 어떤 경우에 해당되는지 곰곰이 살펴보기 바란다. 첫 번째 경우, 웅덩이에 빠져 있는 상황이라면 당신에게 필요한 건 용기다. 웅덩이에 빠져도 상관없고 뛰어넘어도 상관없다. 어떻게든 자신의 목표점에 놓인 깃발만 잡으면 된다. 깃발을 잡는 순간 뒤늦게 웅덩이의 문제점을 찾을 수 있고 스스로 해결할 수 있다. 요컨대, 웅덩이에 집중하기보다 목표에 집중하는 편이 좋다. 두 번째 경우, 자신이 웅덩이에서 빠져나오는 법을 알고 있는 상황이라면 그 방법을 확신하고 가던 길을 쭉 가면 된다. 그런데 문제는 세 번째다. 다음 단계를 향해 가야 하는데 그것이 잘 안 되는 경우다. 이럴 때 자신의 재능과 능력을 알아차리고 믿는 것이 중요하다. 커다란 웅덩이에 빠져 있지는 않지만 자신감이 없고, 어떻게 해야 할지 모른다면 제발 부탁이니 자신을 믿고 자신감을 가져라. 당신은 이미 여기까지 온 사람이다. 앞으로 더 나아갈 수 있다.

자신이 하려는 일에 자신감이 없는 경우, 자꾸 다른 사람의 시선이나 눈치를 살피게 된다. 그리고 다른 사람의 말이나 반응에 집중한다. 그러다 보면 자꾸 소심해지고, 자신이 하는 일들에 제한을 당하거나 꺾이는 일을 겪게 된다. 그러면서 점점 더 자신감을 잃는 악순환이 반복된다.

어렸을 때부터 부모님의 눈치를 보며 자라온 아이는 성인이 되어서도 어려움을 겪는다. 하고 싶은 걸 말했더니 안 된다고 제지당하고 또 다른 차선책도 거절당하는 일을 빈번히 겪으면 무엇을 하고자 하는 욕구 자체가 사라진다. 그래서 자신은 결국 아무것도 할 수 없고 무능력한 사람으로 생각하고, 수동적이 된다. 심각한 경우 무기력증에 빠져, 먹는 것조차 제대로 못하는 상태로 전락하기도 한다. 스스로 뭔가 할 수 있다는 감각을 상실해버린 것이다.

성장하면서 받아온 상처는 점점 곪기 시작해서 웅덩이가 된다. 처음에 작았던 웅덩이가 점차 커지기도 한다. 우리에게는 수없이 많고 다양한 웅덩이가 있다. 이 웅덩이에서 나올만한 훈련이 되지 않으면 웅덩이에 빠져 영원히 성장할 수 없게 된다.

1,000회 이상 컨설팅을 하면서 내가 가장 주력하는 일이 웅덩이에서 나오게 돕는 일이다. 갭이어 프로그램에 참여하는 자체가 힘든 친구도 있다. 그러면 먼저 강연 프로그램과 토론 프로그램을 통해서 동기부여를 하고 자신감을 상승시킨다.

무엇인가 심각한 상실을 겪은 사람은 어떤 표현도 하지 않는다. 심지어 그들은 스트레스를 심하게 받으면 몸이 아프기까지 한다. 이런 친구들에게 토론 프로그램은 상당한 효과가 있다. 토론을 하면서 점점 자기표현을 하게 되고, 남이 자신의 이야기에 귀를 기울일 때면 존중받는다는 느낌을 받는다. 이런 과정을 거치면서 점점 자신감을 회복하고, 갭이어 프로그램에 참여할 만큼 용기와 적극성을 발휘하게 된다. 웅덩이에서 빠져나오고자 하는 힘을 비로소 얻게 된 것이다.

현재 내 모습은 내 의지대로 된 것도 있지만, 태어나서 보고 듣고 경험했던 것들이 쌓여 자연스레 현재에 다다른 것도 있다. 지금 내 모습과 삶, 혹은 어떤 결정을 해야 할 순간에도 그동안 내가 했던 경험은 큰 영향을 미친다. 자신을 붙잡고 있는 웅덩이가 있다고 생각된다면 과거의 기억을 되살려 자신에게 웅덩이가 생긴 이유를 찾아 노트에 적어보자.

처음에는 작았던 웅덩이가 점점 커지지 않기 위해서는 웅덩이가 생긴 원인을 찾아야 한다. 시간이 흘러 웅덩이가 커지면 그때는 내 삶 전체를 가로막고 망칠 수도 있다. 어린 시절에 개에게 물린 경험은 개를 싫어하게 만들고, 개랑 비슷한 동물까지 싫어하게 만든다. 그러다보면 어느 순간 동물 자체를 싫어하는 모습으로 웅덩이가 점점 커질 수 있다. 어떤 작은 웅덩이라도 스스로 직면하지 않으면 앞날에 큰 방해 요소가 될 수 있다. 내 삶을 가로막는 이유를 찾는 일은 단기간에 할 수 없을 수도 있지만 반드시 직면해야만 한다.

나를 나약하게 하는 웅덩이가 무엇인지 찾은 다음에는 그걸 극복할 수 있는 방법을 고민해야 한다. 책을 읽으면서 나만의 방법을 고안해볼 수도 있고, 그동안 해오던 행동과 정반대의 행동을 해볼 수도 있다. 나의 나약함을 강함으로 바꿔야만 하는 강제적인 환경에 본인을 스스로 노출시키는 것도 한 방법이다.

| '셀프 갭이어' 두 번째 미션 |

당신에게는 얼마나 많은 방해물이 존재하나요?

작성 방법

앞서 첫 번째 미션에서는 당신이 최우선으로 얻고자 하는 당신의 감정을 찾았습니다. 그 감정을 얻기 위해 당장이라도 원하는 일을 하고 싶지만 그 것을 절대 할 수 없도록 만들어버리는 또 다른 이유와 생각들이 있을 것입 니다. 그 생각들이 당신의 웅덩이인지 아닌지 구분하기 위해 다음의 방법 을 써보세요.

1. 당신이 얻고자 하는 그 감정을 위해 자신의 머릿속에 있는 방법을 시도 하면 왜 안 되는지 자신에게 '왜?'라고 질문해보세요.
2. 대답이 나왔다면 그 대답에 대해서도 '왜?'인지 물어보세요.
3. 이런 식으로 자신의 답에 "왜?"라는 질문을 5~6번 정도 반복해서 계속 진행해보세요.

   지금 당장이라도 하고 싶지만 할 수 없다고 생각되는 일은 무엇인가요? 그리고 왜 안 된다고 생각하나요?

지금 당장이라도 하고 싶지만 할 수 없다고 생각되는 일은 무엇인가요?

예) 왜 안 된다고 생각하나요?

왜?

왜?

왜?

왜?

왜?

왜?

＊ '왜'로 안 풀리는 경우에는 '무엇'을 사용해보세요.

진단

맨 마지막에 나온 것이 당신의 웅덩이입니다. 더 이상 '왜?'를 할 수 없는 단계까지 도달해야 합니다. 가장 순수하고 확실한 이유, 스스로 이해가 되는 순간까지 '왜'라는 질문을 해보세요. 당신이 못하는 다른 것들 역시 왜 안 되는지에 대해 똑같은 대답이 나올 때가 많다는 사실을 알 수 있습니다.

'셀프 갭이어' 세 번째 미션
: 리스크 직면하기

사람에게는 누구에게나 해당되는 보편성이 있지만 개인마다 고유한 개별성도 존재한다. 내 나름의 개성대로 살아가기도 하지만 개성이 지나치면 잃는 것도 있다. 이처럼 무엇을 얻고 잃을 때는 리스크를 염두에 둬야 한다. 잃는 건 아쉽지만 나한테 큰 타격이 아니라면 더 중요한 걸 얻기 위해 과감히 버릴 수도 있어야 한다. 어떤 사람들은 리스크 때문에 아무 선택도 못하는가 하면 어떤 사람들은 리스크가 있지만 얻는 것이 더 크기 때문에 도전을 하기도 한다.

리스크, 하면 도박이 가장 먼저 떠오른다. 도박, 하면 떠오르는 곳인 라스베이거스에 수차례 가봤다. 모든 게 신기했던 곳이어서 게임장, 식당, 주거 시설, 그리고 그곳의 삶과 문화까지 샅샅이 살펴보았다. 어느 날 나는 게임장에서 10여 개의 게임을 한두 판씩 하고, 마지막으로 게임머신을 하려고 마음먹었다. 사람들을 가만히 관찰해보니 허리에서 무엇인가를 꺼내 기계에 넣는 게 보였다. 마침 배가 빵빵하게 나온 50대쯤으로 보이는 매니저가 기계를 점검하며 돌아다니고 있었다. 그에게 다가가 머뭇거리다가 용기를 내서 기계 사용법을 가르쳐달라고 했다. 그런데 그 게임은 회원카드가 있어야 된단다. 그제야 사람들이 꺼내 들었던 게 카드임을 깨달았다. 매니저와 한참 이야기를 나누다 수줍게 말을 꺼냈다.

"자동차 여행 중인데 사실 다른 호텔 주차장에서 자다 쫓겨났어요. 돈이 없는 건 아니지만 많은 사람들의 도움을 받은 덕분에, 적은 돈으로도 여행을 할 수 있었고 그래서 함부로 돈을 쓰지 않기로 스스로와 약속했어요. 오늘 밤은 이 주차장에서 자면 안 될까요?"

"넌 뭐하는 사람인데?"

"학생이에요. 돈은 없지만 넓은 세계를 보고 싶어서 여행을 왔어요."

그는 규칙상 안 된다고 했지만 어딘가에 전화를 걸었고, 내 이름을 물어왔다. 그는 친절하게도 자신이 아는 호텔에 예약을 해주고, 아침 식사는 이곳의 베트남 식당에 와서 먹으라고 했다. 자신은 아침 6시에 퇴근이니까 자기 이름을 대고 그냥 먹으라고 말했다. 게다가 그랜드캐니언 투어까지 신청해주었다. 미국에서 잭팟보다 더한 행운을 만난 것이다. 오랜만에 편안한 호텔에서 밀린 빨래까지 하면서 쉴 수 있었다.

삶에서도 그렇지만 특히 여행이라는 것 자체는 리스크가 따를 수밖

에 없다. 하지만 잃는 것보다 얻는 것이 더 많은 게 여행의 매력이다.

인도 여행을 다녀온 한 지인이 들려준 이야기다. 인도에서 택시를 탔는데 우리 돈 150원 때문에 소리를 지르고 싸움에 가까운 흥정을 했다고 했다. 그는 그 방법이 자신에게 맞지 않는다는 걸 금방 깨달았고 이후로는 150원을 더 잘 쓰는 법을 고민했다. 인도에 온 이유가 행복, 힐링, 사귐을 위해서였는데 엉뚱한 일에 에너지를 잃고 싶지 않아서였다.

이처럼 자신이 어떨 때 행복하고 만족하는지 알면 자신의 꿈에 더 빨리 다가갈 수 있다. 젊을 때 방향성을 빨리 잡으면 꿈의 크기도 달라지지만, 그렇다고 해서 방향성을 빨리 잡는 것만이 능사는 아니다. 시간을 충분히 들여 자신이 원하는 걸 찾는 게 더 중요하다.

누구나 레스토랑에 갔을 때, 직원에게 자리 안내를 받아본 경험이 있을 것이다.

"창가 쪽 자리 어떠세요? 안쪽 조용한 자리는 어떠세요?"

대개의 직원들은 손님에게 최대한 좋은 서비스를 제공하기 위해 노력한다. 우리는 이런 서비스에 익숙하다. 만약 직원이 손님에게 알아서 자리를 선택해서 앉으라며 다른 곳으로 가버린다면 손님들은 서비스가 별로라고 생각할 것이다.

이렇듯이 우리는 자유가 좋다면서도 완전한 자유보다는 제한된 몇 가지 상황 속에서 선택하거나 누군가 대신 선택해주는 상황에 길들여져 있다. 선택에 따른 문제가 생겨도 남 탓을 할 수 있기 때문이다. 만약 식당 직원이 추천한 자리에 앉아도 생각보다 좋지 않으면 그 자리를 추천한 직원을 '탓'하면 된다. 그러나 만약 내가 전적으로 그 자리를 선택한 거라면 누구를 탓할 수도 불평할 수도 없다. 내가 선택한 것이므로 내가 책임져야 한다.

우리는 살아가면서 결정을 내려야 할 순간을 자주 맞닥뜨린다. 여러 가지 아이스크림 중 어떤 맛을 먹을지 고르는 것처럼 인생의 선택이 즐거운 일이라면 얼마나 좋을까. 그러나 인생에서 주어지는 선택은 그리 단순하지 않다. 어떤 선택은 1달, 또 어떤 선택은 1년 혹은 삶 전체에 큰 영향을 주는 중대한 선택일 때도 있다. 그래서 우리는 선뜻 결정하지 못하고 머뭇거린다. 그럴 때 우리가 듣는 갖가지 조언은 유혹적이다.

"토익을 좀 더 공부해야 해."

"대기업에서 하고 있는 공모전 시작했으니 어서 응시해봐."

"남들 다 하는 복수 전공 너도 해야지."

스스로 무엇을 선택해야 할지 모를 때, 우리는 쉽게 인생의 선택을 남에게 위탁한다. 뒤늦게 그 선택이 자신과 맞지 않다는 걸 알면, 창가 쪽 자리를 권한 직원을 탓했듯이 사회, 부모님, 친구, 학교에 그 책임을 전가한다.

'내 인생'에 대한 결정은 레스토랑에서 어떤 자리에 앉아서 밥을 먹을지를 생각하는 것과는 비교할 수 없을 만큼 중요하다. 내 인생을 위해 제대로 된 결정을 내리려면 실패라는 시행착오가 필요하다. 또한 선택에 따른 커다란 리스크를 감내해야 할 순간도 필요하다. 실수, 실패, 리스크를 경험하면서 우리는 점차 더 나은 결정을 내리게 되기 때문이다. 도전과 실패를 한꺼번에 경험해볼 기회를 주는 갭이어가 우리 인생에 필요한 이유가 바로 여기에 있다.

| '셀프 갭이어' 세 번째 미션 |

당신을 방해하는 리스크는 어떤 것인가요?
스스로 리스크를 말해봅시다.

작성 방법

아래의 질문들을 꼭 '순서대로' 따라가며 적어보세요.

1. 하고 싶은 일이 있나요?

_____

2. 하고 싶은 일에 리스크가 존재하나요?

_____

3. 하고 싶은 일을 한 뒤 실패했을 때 기분은 어떨 것 같나요? 아래 보기에
   서 골라 보세요.

   ┌──┐
   │ 매우 싫음 ㅣ 약간 싫음 ㅣ 보통 ㅣ 약간 즐거움 ㅣ 매우 즐거움 │
   └──┘

4. 리스크를 감수하면 뒤에 리스크의 크기만큼 보상이 따라온다는 것을 알
   고 있나요?

_____

5. 리스크가 있음을 알면서도 왜 그 일을 하고 싶나요?

_____

6. 그 일을 통해 얻게 될 보상은 무엇인가요?

_____

7. 평생 그 보상을 받지 않아도 살 수 있다고 자신하나요?

_____

8. 리스크에 따른 패배감이 크다면 언제 도전을 해야 할까요?

> 10대 ǀ 20대 ǀ 30대 ǀ 40대 ǀ 50대 ǀ 60대 ǀ 70대

9. 그렇다면 언제 그 일을 시작해야 할까요? 언제 시작하는 것이 리스크가
  작을 것 같나요?

> 지금 ǀ 1년 뒤 ǀ 2년 뒤 ǀ 먼 미래

10. 당신은 무엇이든 예측할 수 있나요? 당신이 생각하는 것처럼 무엇이
   보상이고, 무엇이 리스크인지 확실하게 알고 있다고 보나요?

_____

tip

당신이 써넣은 대답들을 연결해서 한 문장으로
만들어보세요. 마음 깊은 곳에 걸려 있던
리크스를 찾아내어 명확하게 들여다보면
생각보다 위험하지 않다는 것을 알게 됩니다.

'셀프 갭이어' 네 번째 미션
: 잊어버린 꿈 발견하기

　　　　　　　　　　방해물을 탐색하고, 웅덩이도 무사히 빠져나왔고, 리스크도 직면하게 되었다면, 이제는 조건반사 속에 감춰진 자신의 모습을 발견하는 시간을 가져보자. 이는 자신이 어떤 상태인지 파악한 뒤 전환 포인트를 발견하기 위해서다. 네 번째 미션인 '잊어버린 꿈 발견하기'는 총 10단계로 나눌 수 있다. 지금부터 어떤 20대 청년이 자신을 발견하는 과정을 살펴보면서, 여러분 스스로도 잊어버렸던 자신의 꿈을 찾아보거나 미래에 이루고 싶은 꿈을 탐색해보자.

〈1단계〉 인식 단계

　삶 속에서 자신이 어떤 모습으로 살아가고 있는지, 익숙함 속에 묻혀져버린 자신의 모습을 깨닫는 과정이다.

　그의 하루는 단조로웠다. 말하는 내내 무기력했고, 지루한 표정으로 앉아 있었다.

"친구들이 하자는 대로 밥을 먹고, 당구장에 가요. 하루는 집에 오는데 내가 이렇게 살아도 되나 싶더라고요."

그는 잠시 그런 생각을 했지만 금방 잊어버렸다. 그 이후에도 삶에 변화는 없었다. 나는 그의 이야기를 다 듣고 난 후 질문을 던졌다.

"그럼 왜 학교를 가세요? 학교에 가봐야 수업도 안 듣고 배우는 것도 없는데요?"

그는 말이 없었다. 제법 긴 침묵이 흘렀지만 먼저 말을 꺼내지는 않았다. 한참이 지난 후 그가 어렵게 말을 꺼냈다.

"학교를 그만두는 것도, 졸업하기까지를 기다리는 것도 쉬운 일이 아니에요. 이게 억지라는 것도 알지만……."

다시 오랜 침묵이 계속됐다. 그가 다시 말을 이었다.

"이렇게 살고 싶지 않아요. 이렇게 살면 점점 더 무기력해질 것 같아요."

자신이 어떤 상황에 처해 있는지 아는 게 '인식 단계'다. 나에게 영향을 주는 무엇인가를 알아차렸을 때, 내가 처해 있는 상황이 어떤 상황인지 알게 되었을 때, 내가 잘못 생각하고 있었다는 걸 알아차렸을 때, 그리고 이 상황에서 나는 어떤 행동을 해야 할지 인지하는 것 모두가 자신에 대해 인식하는 과정이다.

백화점 매장에서 옷을 고를 때 누군가는 입어보지 않아도 자신에게 어울리지 않는다는 걸 안다. 누군가는 다 입어보고 거울 앞에 섰을 때 알고, 누군가는 안 어울리는지도 모르고 사서 입기도 한다. 심지어 어울리지 않는다는 걸 알면서도 브랜드에 심취해 입는 경우도 있다.

이 친구도 비슷한 상황이었다. 학교생활에 아무 의미를 느끼지 못하면서도 학교만은 졸업하려고 했다. 자신에게 맞지 않는 옷을 입고 있으면서도 사회적 통념 혹은 자신의 고정관념으로 인해 학교를 다니면 꼭 졸업해야 한다는 생각에 사로잡혀 있었던 것이다.

수많은 이유로 인해 우리는 변하고 싶어 하지만 변하지 못하는 딜레마에 빠진다. 그동안의 경험과 세상의 통념, 지식의 대물림이 행동을 막고 있기 때문이다. 자신을 적당하게 위로하거나, 자신이 진정으로 원하는 '그것'과 유사한 걸 하면서 스트레스를 해소할 뿐이다.

1단계 • self check!

지금 직면해 있는 문제는 무엇이며 그 문제를 떠올렸을 때
어떤 감정을 느끼나요?

〈2단계〉 흥미 찾기

자신의 모습과 상황을 인식했다면 이제 자신이 하고 싶은 일이 무엇인지, '흥미'를 느끼는 것을 찾아야 한다.

"저는 랩이 하고 싶어요."

"왜요?"

"멋있어요. 제가 생각으로만 담아두던 걸 음악으로 표현하니까요."

"랩을 잘하나 봐요?"

"아니요. 전 못해요. 그냥 듣는 걸 좋아해요."

"직접 해볼 생각은 없어요?" 그는 이마를 찡그렸다.

"배우고 익히는 데 시간이 너무 많이 걸릴걸요. 전 끈기가 없어요."

"잘하게 될 때까지 들이는 시간과 노력이 즐거울 것 같지 않아요?"

아까보다 더 깊게 그의 이마에 주름이 파였다.

"아니요."

우리는 진짜 흥미를 느끼는 일이 무엇일지, 좀 더 생각해보기로 했다. 1주일 후에 그가 다시 찾아왔다. 이번엔 카피라이터를 하고 싶다고 했다. 글이 사람들에게 영향을 미친다는 게 이유였다. 우리는 좀 더 탐색하는 시간을 갖기로 했다. 세 번째 내게 찾아왔을 때 그는 연기자가 되고 싶다고 했다.

"랩, 카피라이터, 연기로 흥미가 바뀌었는데 무엇이 그런 생각을 하게 했어요?"

하고 싶은 일을 쉽게 말하던 것에 비하면 이번 질문에는 쉽게 대답을 하지 못했다. 이야기를 계속해나가면서 그가 흥미를 느끼는 일의 본질을 찾았다. 그는 자신을 '표현'하는 일에 흥미를 느끼고 있었다.

세상을 어떻게 살아야 할지 자신감이 없으면 하고 싶은 일이 있어도 잘할 수 있을지 확신을 갖지 못한다. 그가 자기표현에 흥미를 느꼈던 이유도 자기 존재를 증명하기 위해서였다. 그는 학교에서 존재감이 없는 학생이었다. 그에게 학교는 공부를 잘하거나 재능이 뛰어난 친구들을 위해 존재하는 곳이었다. 어느 것 한 가지도 갖지 못했던 그는 그냥 그곳에 있을 뿐이었다.

그는 그런 자신이 싫었다. 자신도 빛날 수 있다는 걸 세상에 말하고 싶었다. 이것이 그가 랩, 카피라이터, 연기를 하고 싶은 이유 중 하나였다. 그의 흥미는 '자신을 표현'하는 것에 초점이 맞춰져 있었다. 주변 사람에게 자신을 표현하지 못한 안타까움도 있었고, 자신을 드러내고 싶다는 열망이 있어서이기도 했다.

우리는 무언가가 필요할 때 그것을 인식한다. 목이 마르면 물을 찾고,

다리가 아프면 쉴 곳을 찾는 것처럼 내면에서 뭔가를 필요로 할 때 무엇인가 하고 싶다는 마음이 든다. '필요'란 결핍이 있어야 느낄 수 있기에 나를 불편하게도 만들지만, 오히려 그 결핍을 통해 내가 하고 싶은일, 즉 '흥미'를 발견할 수 있다.

오랜 시간 하고 싶은 일을 지치지 않고 하는 힘도 '흥미'에서 나온다. 좋아하는 일을 해라, 무언가에 미쳐라, 원하는 걸 얻어라, 이런 말을 하는이유도 자신이 흥미를 느끼는 일을 해야 오래 잘할 수 있기 때문이다.

2단계 • self check!

당신이 만약 3년 뒤, 1년 뒤, 3개월 뒤, 3일 뒤에 죽는다면 무슨 일을 하고 싶은가요? 남은 시간 동안 지금 적는 일들만 할 수 있다는 마음으로 각각 작성해보세요. 제한시간은 1분 30초입니다.

3년 뒤 :

1년 뒤 :

3개월 뒤 :

3일 뒤 :

〈3단계〉 선택하기

자신이 무엇에 흥미를 느끼는지 발견했다면 이번에는 스스로 '선택'을 할 단계다.

"우리 언제 가요? 이젠 갈 수 있을 것 같아요?"

그와 새로운 곳에 가보기로 했다. 그가 원하는 새로운 일이었다. 익숙한 공간을 떠나 다른 공간에서 이야기를 한다면 더 많은 걸 발견할 수 있으리라 믿었다. 첫 번째로 간 곳은 동네 시장이었다. 시장을 걸으며 만난 사람들 중 흥미를 느끼는 직업에 대한 이야기를 나누었다.

"이번 경험에서 관심 있는 걸 발견했어요?"

"아니요."

다음번에 그는 여행을 가자고 했다. 나는 한 가지 조건을 걸었다. 여행에 대한 계획을 혼자 짜오라고 했다. 비용이 소요되니 진짜 하고 싶은 걸 신중하게 선택하라고 했다. 그는 지금까지와는 달리 의욕적인 모습을 보였다. 한정된 시간, 한정된 자원 속에서 더 좋은 걸 선택하려고 노력했다. 그가 스스로 선택을 할 때까지 나는 참고 기다렸다.

컨설팅을 할 때 고객이 뭔가를 선택해야 할 순간이 있으면 그가 선택을 내릴 때까지 일단 끝까지 나는 기다려본다. 그가 선택의 즐거움과 어려움을 온전히 체험하길 바라기 때문이다. 랩, 카피라이터, 연기 중에서 그는 무엇을 선택할까. 무엇이 좋겠냐고 그가 물어도 나는 대답하지 않았다. 아니, 대답해줄 수가 없었다. 애초에 선택은 그의 몫이었기에 그걸 뺏고 싶지 않았다.

계속 고민했던 그는 결국 여행을 포기했다. 수없이 많은 선택을 하고 책임을 지며 그 사이에서 원하는 걸 선택하는 일이 쉽지 않았을 것이다. 하지만 그 역시 그가 한 '선택'이었기에 그 선택을 존중하기로 했다. 나는 편안히 기다렸다. 그가 여행을 준비하는 동안 정말 즐거워했다는 걸 알고 있었다. 그래서 그가 포기했을 때 잠시 미뤄두는 거라고 생각했다. 스트레스에서 벗어나기 위해 선택의 과정에서 잠시 쉬는 시간을 보내는 거라고 믿었다.

선택은 삶이 주는 혜택이기도 하지만 책임이 뒤따르는 의무이기도 하다. 끝없이 선택하면서도 늘 두려워하는 건 좀 더 좋은 선택을 할 걸, 하는 후회와 미련 때문이 아닐까. 이럴 때 필요한 건 용기다. 내 선택이 옳을 수도 있고 그렇지 않을 수도 있다. 그러나 한 가지 확실한 건 그때는 그 선택이 필요했고, 최선의 결정이었다는 것이다.

3단계 · self check!

1. 스스로에게 용기를 내어 새로운 환경으로 떠나본 적이 있나요?
   가장 행복했던 곳은 어디인가요?

2. 그 곳에서 행복했던 이유는 무엇인가요?

《4단계》 **집중하기**

선택을 한 후에는 온 힘을 다해 집중해야 한다.

1달 후 다시 그에게서 연락이 왔다. 만나는 장소에 나가자 그는 노트북을 펴놓고 있었다. 그는 변해 있었다. 비행기, 숙소, 이동 수단, 음식점, 심지어 기차 예약까지 했다. 며칠씩 고민하던 일을 불과 30분 만에 끝냈다.

"여행에서 무엇을 먹을까, 뭘 할까, 새로운 것들을 해보기 위해서 쉴 새 없이 고민하고 있어요. 즐거워요."

무엇이 그를 변하게 했는지 궁금했다. 그는 여행을 포기하겠다고 말을 전한 뒤 일상으로 돌아갔다고 했다. 전화로 여행을 포기하겠다고 말한 뒤에는 왠지 찜찜한 기분이 들었고, 무엇인가 잘못하고 있다는 생각이 들었으며, 왠지 모르게 후회할 것 같다는 생각까지 들었다고 한다. 그러나 이런 기분을 다 잊어버리려고 노력했다. 학교에 가서 친구들과 수다를 떨고, 커피를 마시거나 당구를 치고, 밤 늦게까지 술을 먹었다.

"그런데 진짜 이상하더라고요. 이런 시간이 아무 의미가 없었어요. 이건 아니라는 확신이 들었어요. 뭐라도 해보고 싶어지고, 여행 그까짓 거 가면 되지, 막 이런 마음도 들고."

처음 여행을 계획할 때는 선택 과정 자체가 고통이었다. 낯선 곳에서 어떻게 지내야 할지도 무서웠다. 그래도 여행을 하면서 자신이 살아 있다는 걸 느낄 수 있을 것 같아 용기를 내게 되었다.

누구나 어릴 때 흥미로운 일에 집중해본 경험이 있을 것이다. 시간 가는 줄도 모르고 흙을 퍼 담고, 로봇을 조립하고 종이비행기를 만들어 날렸다. 그렇게 열정을 갖고 집중하는 시간에는 앞뒤가 없으며 어떤 환경도 방해가 되지 않는다. 더러운 곳이어도 좋고, 불편한 곳이어도 좋다. 흥미를 느끼는 것에 집중하는 순간, 몰입의 희열이 찾아온다.

언제 자신이 집중하는 상태가 되는지 스스로 아는 것도 도움이 된다. 누군가는 조용한 곳에서 집중을 하지만 누군가는 다리를 떨거나 귀를 만지면서 집중하기도 한다. 하지만 집중을 주위 환경에만 국한시키는 건 좁은 의미의 집중이다. 누군가는 억울한 일을 당한 사람을 보며 정의 감을 불태우는 데 집중하고, 누군가는 창조력을 발휘하는 데 자신의 모든 걸 집중한다.

이렇게 집중하다가도 때로는 자신이 가는 길이 맞는지 누군가에게 확인받고 싶거나 불안을 느낄 때도 있다. 이럴 때는 이 일을 시작했던 가장 처음으로 돌아가길 권한다. 현재의 모습은 처음 그 일을 시작했을 때와 얼마나 다른가? 단지 조금 지친 상태라면 충분히 쉬면 된다. 그러나 처음 모습이 훨씬 더 생기 있고 열정으로 가득했다면 지금은 새로운 변화가 필요한 지점이다.

4단계 · self check!

당신의 심장을 뛰게 하는 일을 위해 용기를 낸 적이 있나요? 당신에게 용기는 무엇인가요?

〈5단계〉 **멈추기**

우리는 어느 순간 무엇인가 익숙하게 되면 흥미를 잃고 '멈춤'의 순간을 맞는다.

"그곳에 가는 게 의미가 있을까요?"

여행하는 데 익숙해진 어느 날, 그가 늦잠을 잤다. 스스로가 짜둔 빡빡한 여행 일정 때문에 체력이 떨어지고 있던 차였다. 무엇인가 아쉬움이 있어서 그간의 여행에 대해 이야기를 나눌까도 싶었지만 이번에도 나는 그에게 맡겼다. 그는 애초에 설정했던 장소 대신 도심으로 가는 걸 제안했다. 지난번에도 하루 종일 도심에서 보냈기에 새로울 건 없었다. 여행이 아닌 시내 관광에 익숙한 사람처럼.

 익숙해진다는 건 적응한다는 뜻이다. 새로운 걸 시작할 때는 흥미를 느끼고 집중하지만 익숙해지면 재미가 반감되면서 미치도록 하고 싶었던 마음도 사라져버린다. 흥미가 떨어지는 건 무서운 일이다. 더 이상 이 일을 해야 할 이유가 사라져버리기 때문이다. 그렇게 하고 싶었던 일인데 왜 흥미가 사라지는지 그 이유도 찾기도 전에 그만두기도 한다. 이 길이 맞는지 안 맞는지 혼란스럽고 앞이 막힌 기분도 든다. 갑작스런 '멈춤'의 상태가 오는 것이다. 멈춤의 시기에는 실력이 늘지도 않고, 실력이 느는 중인데도 그 폭이 작아 느끼지 못하기도 한다.

 이런 시기에 누군가 "당신은 얼마 전까지 흥미 있게 하던 일에 대해 얼마나 잘 압니까?"라고 물어본다면 자신이 그 분야의 전문가가 아니라는 걸 갑자기 깨닫게 된다. 다시 변화하지 않는다면 결국 성장의 폭이

더뎌져 자신의 길이라고 생각했던 분야 역시 하다가 그만두었던 많은
일처럼, 해본 일 중 하나로 끝나버린다. 이때는 잠시 멈춰 서서 스스로
를 되돌아볼 때다.

> ### 5단계 • self check!
>
> 당신은 온전히 당신만을 위해서 시간을 쓰고 있나요? 아니면 다른 무
> 언가, 누군가를 위해서 시간을 쓰고 있나요? 잠시 눈을 감고 하루를
> 그리고 일주일 동안 누구를 위해 시간을 쓰고 있는지 생각해보세요.

〈6단계〉 정보 수집하기

'멈춤'의 단계에서 벗어나려면 자신의 마음 상태나 자신이 처한 상황
을 분석해봐야 한다. 그리고 새로운 걸 시도하기 위해, 흥미를 되찾기
위해 '정보 수집'이 필요하다.

나는 그를 자극하기로 마음먹었다. 자신의 현재 상황을 새로 인식
하길 바라며 그가 답을 찾을 때까지 계속 질문을 던졌다.
"그곳에 가기 싫은 이유는 뭐였어? 늦잠을 자게 한 실제 동기는 뭐

였을까? 무엇이 너의 행동을 막았을까? 도심에서 딱히 할 일도 없었는데 군이 하루를 보낸 이유는 뭐지?"

다행히 그도 석연치 않은 점을 느꼈는지 적극적으로 대화에 임했다. 그냥 하루쯤 늦잠을 자버렸다고 치면 별것 아닌 일이지만 그걸 계기로 삶에 대해 새롭게 분석하면 정보를 수집할 수 있다. 그는 한 가지를 끝까지 해본 경험이 드물었다. 시작은 잘했지만 마무리를 어려워했고, 그런 점이 삶의 패턴으로 굳어진 경향성도 보였다.

우리는 어느 순간 흥미가 없어지거나, 성장이 멈췄다고 생각하거나, 무료한 일상이라고 생각이 들면 삶에 변화를 주고 싶어 한다. 그런데 변화와 결심은 변화해야겠다고 마음먹는 순간, 까다롭고 성미가 급한 녀석이 되어버린다. 이 녀석의 비위를 맞추는 일은 생각보다 쉽지 않다. 그러다보니 자신에게 맞는 변화를 찾기 위해서 정보를 수집하거나 자료를 찾기보다 극단적인 선택을 한다. 하던 일을 아예 그만두는 것이다.

이때 무엇보다 중요한 건 자신의 상태를 재인식하는 것이다. 자신의 상태와 상황에 맞춰 재인식하는 과정을 생략하면 흥미를 잃어버린 이유에 대해 잘못 생각하게 될 수 있다. 이것은 일이나 행동에만 적용되지 않는다. 연애를 할 때도, 무엇인가를 배울 때도, 운동을 할 때도, 심지어 여행을 할 때도 공통적으로 나타난다.

모든 게 지루해지는 시기를 현명하게 보내기 위해서는 자신의 상황을 재인식하고 새로운 정보를 다양하게 수집하는 활동이 필요하다. 자신의 상태와 환경, 성향 등의 변화를 체크하고, 지금까지 흥미만으로 해오던 행동이 멈춤 단계에 들어섰을 때 다른 이들은 어떻게 해결해 나아갔는지, 또 누군가는 이럴 때 어떠한 방법을 사용해 다른 일들로 변화시켰는지에 대한 정보 수집이 필요한 것이다. 최대한 많은 정보들을 수집하고, 그 정보들 사이에서 자신에게 새롭게 적용할 것들을 분류해내야한다. 이렇게 수집한 자료를 바탕으로 자신의 상황과 환경에 맞게 새롭고 다양한 방법들을 적용하면 멈춰버린 발걸음에 새로운 자극을 전달할 수 있다.

흥미로 진행하던 것들이 멈추는 순간을 맞을 때는 너무 빨리 새로운 방향으로 변화를 꾀하지 않는 게 좋다. 좀 더 많은 정보를 수집한 후에 새로운 선택을 하거나 자신만의 길을 찾는 게 낫다.

6단계 · self check!

1. 당신은 환경을 이길 수 있나요?

2. 못 이긴다면 당신을 성장하게 해주는 환경은 어떤 환경인가요?
   어떤 환경의 조건이 지금 이 순간 당신의 삶에 긍정적 변화를 줄까요?

〈7단계〉 확장시키기

수집의 단계를 거치면 그 자료를 바탕으로 다시 한 번 자신의 방향성을 찾아 '확장'시키는 과정이 필요하다.

"그냥 목적 없이 지나가는 외국인에게 말을 걸기란 여간 어려운 게 아니네요."

여행을 떠나기 전에 그는 랩, 카피라이터, 연기를 하고 싶다고 말했다. '표현하고 싶다는 것'이 근본 이유였는데 그것이 그의 행동을 막고 있었다. 그가 진정으로 하고 싶은 건 여행이 아니었다. 자신의 생각을 세상에게 보여주는 것, 그리고 자신이 존재한다는 걸 알리는 것이었다.

"구경만 하자니 내가 여기 왜 있나 싶어요."

그의 꿈인 랩, 카피라이터, 연기는 자신의 생각을 누군가에게 전달하는 데 의미가 있는 일들이었다. 그런데 현재의 여행은 남들이 살아가는 세상을 구경하는 데에만 그치고 있었다. 이것이 점점 그가 여행할 의욕이 사라진 이유였다.

"자신의 생각을 남에게 표현하는 것과 여행을 접목시켜보면 어때요?"

다른 세계를 구경하는 것과 자신을 표현하는 걸 조화시킬 수 있는 방법을 찾아보자는 의미였다. 그는 현지 사진이 담겨 있는 엽서를 샀다. 무엇을 해야 할지 몰라서 방황하고 있던 그가 선택한 첫 번째 방법이었다. 현지 풍경이 담긴 엽서에 지금 하고 있는 여행과 지난 시간 하지 못했던 이야기들을 담아 부모님, 친구, 지인에게 전달했다. 그는 엽서에 빼곡하게 글을 적었다. 그는 그렇게 자신을 '표현' 하기 시작했다.

그가 선택한 두 번째 방법은 현지에 사는 외국인 친구를 사귀는 것이었다. 낯을 가리고, 영어도 잘되지 않는 그가 처음 보는 외국인에게 말을 걸고 친구가 되고 싶다고 말하는 건 큰 도전이었다. 그는 몇 시간째 도심을 서성이다 숙소로 돌아갔다. 결국 그는 누구에게도 말을 걸지 못했다. 다음 날도 서성거림은 계속됐다. 그는 몇 시간째 자신과 싸우고 있었다. 자신의 뇌에서는 절대 할 수 없다고 말하는 걸 하기 위해서, 상상 속에서 수많은 예행연습을 했을 것이다. 그는 자신이 뛰어넘을 수 없는 장벽을 부셔버리기 위한 시도를 멈추지 않았다.

우리가 지식을 얻는 방법은 여러 가지다. 책을 읽거나 텔레비전을 보거나 인터넷을 통해, 다른 사람들의 이야기를 통해서도 지식을 얻는다. 이것은 수동적으로 외부로부터 지식을 습득하는 방법이다. 이와 반대로 자신의 경험과 상상을 통해서 지식을 얻는 방법도 있다. 이 방법을 사용하면 자기 스스로 상상하고 경험하면서 자신만의 지식을 만들어낼 수 있다.

우리는 힘든 일을 겪을 때 뛰어난 멘토가 자신의 인생을 코칭해주길 바라거나, 엄청난 운이 찾아와 많은 것들이 일순간에 해결되기를 바란다. 그러나 대부분 그런 일은 일어나지 않는다. 뜻밖의 행운을 얻는 것 역시 힘들다.

그때 유일하게 믿을 수 있는 멘토는 자신이 지금까지 쌓아둔 경험, 상상, 지식이다. 이렇게 쌓아둔 지식과 경험, 상상이 힘든 상황이나 고민을 만났을 때 이를 해결하기 위해서 융합되는 과정이 '확장'이다. 외부를 통해 얻은 지식, 상상, 경험이 자신의 내면에 쌓여서 스스로 사고하도록 이끄는 것이야말로 새로운 가능성의 시작이다.

확장은 우리에게 또 다른 지식을 쌓도록 만들어준다. 자신이 지금까지 쌓아온 지식들을 하나의 개념으로 묶거나, 그렇게 묶은 지식들을 통해서 또 다른 깨달음을 얻게 해준다.

예를 들어 무전여행을 떠나기로 결정한 후 신발을 사려 하는 문제를 생각해보자. 검색을 하며 정보를 알아보거나 여행 경험이 있는 사람에게 물어볼 수도 있다. 등산화를 추천하는 사람도 있고, 트레킹화를 권하기도 한다. 오래 걷기 위해서는 튼튼한 신발이 필요하고, 발에 무리가 없어야 한다. 다양한 정보를 바탕으로 기능성 신발을 산다고 해도 너무 오래 걸으면 발에 물집이 잡히고 발목도 아프다. 따라서 아무리 좋은 신발이라도 자신의 발에 맞지 않으면 소용없다는 결론이 나온다. 나도 수차례 여행을 하며 깨달은 결론이다. 정답은 현재 갖고 있는 신발 중 가장 편한 걸 신고 가는 것이다.

하지만 새 신발을 사야 할 경우도 있다. 이때는 신발 안쪽에 약간의 쿠션이 있는 게 좋다. 발의 특성도 고려해야 한다. 근육이 없는 발이라면 신발 바닥의 고무가 말랑말랑한 것보다 약간 힘이 있어 걸을 때 치고 나갈 수 있는 게 좋다. 처음엔 발목, 종아리, 허벅지 순으로 아프지만 익숙해지면 편하다. 한 단계 더 나아가 비가 오는 상황까지 대비해 잘 마르는 신발을 선택하거나 가벼운 슬리퍼 하나를 따로 준비하는 게 좋다. 아니면 슬리퍼를 신고, 젖은 신발은 고리에 걸어 가방 뒤쪽에 거는 방법도 있다.

이와 같이 확장이란, 지식을 습득한 뒤, 자신이 원하는 지식을 다양한 방향에서 추론할 수 있도록 하는 방법이다. 진로와 꿈에 대한 부분에서 확장을 해서 나아갈 때 핵심은 자신이 근본적으로 원하는 걸 그 안에 집어넣어 생각해야 한다는 점이다.

기본적으로 확장하는 능력이 있어도 그 생각을 남에게 표현하고 전달할 수 있어야 한다. 그렇지 않으면 얕은 지식의 소유자가 될 뿐이다.

확장은 기존의 지식과 경험, 상상의 울타리를 뛰어넘게 하는 훌륭한 방법이다.

> **7단계 • self check!**
> 당신이 지금 흥미를 느끼는 것들은 무엇인가요?
> 여러가지를 동시에 해볼 수 있는 방법은 무엇이 있을까요?

〈8단계〉 정리하기

확장된 경험과 깨달음은 '정리'하지 않으면 그 과정에서 어떤 변화와 역동이 있었는지 우리는 까맣게 잊을 수 있다.

그는 다시 자신감을 찾았다. 앞장서서 걸으며 낯선 사람에게 질문하고 이야기를 건넸으며, 밥 먹을 때나 차 마실 때도 사람들과 한마디라도 더 하고 싶어 했다. 자신을 둘러싸고 있던 거대한 울타리를 스스로 무너뜨리자 많은 것에서 해방되고, 자신감을 찾은 듯했다.

며칠간의 여행을 마치고 우리는 한국으로 돌아왔다. 이후 우리는 짧지만 길었던 여행을 차분하게 정리하기로 했다. 여행을 가기 전

한국에서의 모든 일과 여행지에서 일어난 이야기에 대한 정리였다. 음식을 먹고 나면 소화할 시간이 필요하듯 여행 역시 소화할 시간이 필요하다. 경험한 것들의 정리를 통해 자신이 원하는 걸 얻는 방법과 어떠한 상황에서 자신이 꿈을 이룰 수 있을지 그 환경을 잘 익히는 것이다.

그는 지금껏 아무것도 못하게 하는 아버지와 모든 걸 다해주는 어머니 사이에서 자라 자신을 표현할 기회를 잃었다. 그 결과 그의 삶의 목적은 자신이 멋진 사람이라는 걸 증명하는 데 모든 에너지를 쏟는 게 되어버렸다. 해야 할 일과 학업에 집중하기보다 자신에 대한 생각에 사로잡혀 무기력한 모습으로 살아왔다. 그러나 여행지에서 그는 되살아났다. 새로운 것에 흥미를 느끼고 즐거워했다.

반면 자신이 근본적으로 하고 싶었던 '자신을 표현하고자 하는 욕구'를 표출하지 못하자 금세 시무룩해졌다. 하지만 재인식 과정을 통해, 여행지이기 때문에 가능한 요소와 지금까지 하고픈 것들을 접목시켜 자신이 정말 원하는 자기표현에 한 걸음 다가갔다. 그러면서 그는 다시 행복함을 느끼고 자신감을 되찾을 수 있었다.

가끔 나는 SNS에서 재미있는 걸 보면 곧바로 친구들에게 들려주곤한다. 그때는 친구들 역시 재미있다며 웃는다. 하지만 시간이 조금 지나고 나서 그 유머를 다시 말하면 대부분 웃지 않는다. 시간이 지나면서 그 유머를 100퍼센트 완전하게 전달하지 못하기 때문이기도 하지만 내 기억에 구멍이 숭숭 뚫려 처음 기억과 상당히 달라지기 때문이기도 하다. 마치 열정적으로 사랑했던 사람과 비참하게 헤어진 후, 슬픈 기억은 잊어버리고 좋은 기억만 떠올리는 것과도 같다. 심지어 그 사람이 너무도 미웠던 기억마저도 까마득히 잊은 채 그냥 상대가 잘 살길 바라는 좋은 마음이 생기는 것과 비슷하다.

꿈도 마찬가지다. 많은 고민을 하고 노력을 해서 얻게 된 꿈이더라도 우리의 기억은 오래 가지 않는다. 그 꿈을 잘 정리해두지 않으면 사라져버린다. 어떤 방법으로 내가 하고 싶었던 걸 찾게 되었는지, 어떤 상황이 꿈을 가로막고 있던 문제를 쉽게 해결할 수 있도록 도와줬는지도 잊어버린다. 그렇기 때문에 어떤 경험을 통해 자기 성장이 일어났다면 그것에 대해 정리하는 시간이 꼭 필요하다.

8단계 • self check!

1. 당신의 생각, 습관, 모습 등이 변한 적이 있나요?

2. 그렇게 변화할 수 있었던 삶의 조건은 무엇이었나요? 어떤 환경에서 누구와 함께 어떤 생각을 함으로써 그런 변화를 이끌어냈나요?

〈9단계〉 체득하기

자신이 무엇을 원하는지 알았다면 이를 실행하기 위한 방법은 다양하다. 지금까지의 과정을 거쳐 알게 된 사실을 정리했다면, 이를 바탕으로 습관으로 '체득'시키는 과정이 필요하다.

그는 요즘 새로운 행복감을 느끼며 살고 있다. 남들 앞에서 자신에 대한 프레젠테이션을 하기도 하며, 꿈을 위해 장시간 충실한 계획을 세우는 중이다. 자신만의 갭이어를 보내는 방법으로 선택한 그림 그리기와 인문학 공부 역시 꾸준하게 하고 있다.

그는 이제 자신에게 맞는 방법을 알아가기 시작했다. 자기표현을 하기 위해서는 어렵고 힘든 일이어도 계획을 실현함으로써 하나둘씩 해나갈 수 있다는 걸 확신하고 있다. 자기표현을 할 기회를 먼저 만들고, 그에 따른 계획을 세우는 게 그에게 맞는 방법이었다.

또한 이를 이루기 위해서는 주변에 도와주는 사람이 없어야 한다는 것, 스스로에게 절실한 상황을 만들어야 한다는 것도 알게 되었다. 사전 시뮬레이션을 수없이 많이 경험해봐야 실제 상황에서도 최선의 결과를 얻을 수 있다는 사실도 깨달았다. 이제 그는 더 이상 조급해하지 않는다. 그는 자신이 어디로 가든 스스로 원하는 길에 서 있을 거라고 확신하게 되었다.

정리를 한 후엔 체득하는 시간이 필요하다. 자신에게 무엇이 필요한 지 '인식'하고, '흥미'를 느끼며, 이 둘 사이에서 선택과 집중을 하는 시 간을 갖는다. 그런 후, 자신의 흥미가 떨어질 때면 다시 한 번 정보를 수 집하고 자신의 경험과 상상, 지식 등을 통해 생각을 확장시켜보자. 이 과정에서 자신에게 맞는 방법을 찾아 정리하고 자신의 몸에 익숙해질 만큼 반복하는 게 필요하다.

흔히 우리가 달인, 고수, 실력자라고 부르는 사람들은 대부분 이러한 체득의 과정을 통해서 노하우를 만들어낸 사람들이다. 자신에게 맞는 방법을 많은 분야와 다양한 문제들에 맞춰서 시행해보자. 그렇게 하면 그 체득의 과정을 통해서 어느새 고수라는 명칭을 듣게 될 것이다. 그러 니 자신에게 맞는 방법을 찾는다면 같은 패턴으로 반복하라.

9단계 · self check!

1. 반복을 통해 새로운 것을 익혔던 경험이 있나요? 그럴 수 있었던 이유는 무엇인가요?

2. 그 이유를 당신이 하고 싶은 것에 지금 적용해볼 수 있을까요?

〈10단계〉 배출하기

체득의 과정이 완성되면 자신은 이미 또 다른 자신으로 변화된다. 다른 사람들은 당신의 변화에 대해 궁금해한다. 그때 자신이 경험하고 깨달은 모든 걸 '배출'하면 된다.

"수없는 노력은 절대 배신하지 않더군요."

1년 뒤 그가 메일을 보내왔다. 그는 현재 작가로 활동하면서 소규모 밴드 활동도 하고 있다. 조만간 연극에도 도전한다고 한다. 한 가지 선택을 하는 것도 힘들어했던 그가 다방면에서 활동하는 전천후 예술가로 거듭난 것이다. 더 놀라운 건 후배들에게 멘토 역할을 해주고 있다는 소식이었다. 그의 영향 덕분인지 다양한 방식으로 자신만의 갭이어를 보내는 지인들이 늘었다고 한다. 나는 그에게 답장을 보냈다.

"제가 이 일을 하는 이유를 찾아주셔서 감사합니다."

자신에게 맞는 방향을 찾고 꾸준히 노력하다보면 어느 순간 누군가 다가와 당신이 하는 일에 대해 물어볼 것이다. 어떻게 하면 당신처럼 될 수 있냐고. 그때부터 당신은 상대에게 자신이 지금까지 해온 것에 대한 기술과 노하우, 문제점과 고민, 해결책과 주의점 등 자신이 가진 모든 걸 배출하면 된다. 그렇게 알려주면 알려줄수록, 나누면 나눌수록 당신은 더 풍요로워질 것이다.

10단계에 걸친 네 번째 미션이 유난히 길게 느껴졌을 수도 있다. 이 과정에서 유념할 건 단계별로 순서대로 되지 않을 수도 있고 한 단계를 반복할 수도 있다는 점이다. 어떤 일이 일어나도 괜찮다. 당신은 마지막 계단 끝까지 왔다. 이 여정을 끝마친 당신은 이미 최고다!

10단계 · self check!

1. 자신만을 위해서 처음부터 끝까지 스스로 해본 일이 있나요?

2. '셀프 갭이어' 과정을 마친 지금, 자신이 앞으로 해야 할 도전은 무엇이라고 생각되나요?

| 에필로그 |

하고 싶은 일을 하며 사는
행복을 누리자

나는 한국갭이어 사무실에 출근하기 전에 맞이하는 아침 시간이 가장 행복하다. 창을 통해 들어오는 햇살을 볼 때마다 산토리니 섬에서 느꼈던 행복감을 떠올린다. 산토리니는 여행을 하면서 가슴 가득 행복감이 차올랐던 곳이었다.

여행은 내게 많은 선물을 주었다. 그중에서도 가장 멋진 선물은 '맷집'이다. 잽을 하도 많이 맞다보니 어느 순간 쓰러졌다가도 또다시 이겨내는 힘이 생겼다.

한국갭이어 사무실을 시작했을 무렵은 겨울이었다. 사무실에는 난로 하나뿐이라 너무 추었고, 외부에 있던 화장실 수도는 얼어서 제대로 씻지도 못했다. 그래도 마냥 좋았다. 월요일이 와서 출근하는 게 그렇게 신날 수가 없었다. 내가 하고 싶을 일을 하기 때문이었다. 경험이나 실력, 돈도 없었지만 하고 싶은 일을 시작했다는 이유만으로 가슴이 터질

만큼 행복했다. 그리고 이 행복은 지금도 이어지고 있다.

나는 자타가 공인하는 워커홀릭이지만 그래도 1년에 한 번은 도저히 못 일어날 때가 있다. 젊다고 몸을 너무 혹사시킨 탓이다. 몸이 너무 안 좋을 때면 의지도 소용없다. 이런 날을 제외하곤 어떤 경우에도 결근은 하지 않는다. 죽도록 힘들어도 일어나서 출근하는 걸 보면 맷집의 또 다른 이름은 책임감인 것 같다.

정말 많은 분들의 도움으로 여기까지 올 수 있었다. 자본금 3만 원으로 시작한 회사가 지금까지 버틸 수 있었던 이유는 바꾸고 싶은 세상에 첫 번째 깃발을 꽂았기 때문이라고 생각한다. 내 마음속에 있던 뜨거운 것을 용기 내어 말한 순간, 말은 깃발이 되어 꽂혔고 그 깃발을 향해 사람들이 모였다.

"이렇게 합시다. 저렇게 합시다"라고 하고 싶은 말을 했더니 그 말을 들은 100명 중에 1명이 찾아왔다. 동쪽에 가서도 말하고 서쪽에 가서도 말하고, 힘이 닿는 한 줄기차게 말하고 다녔다. 그랬더니 그 말을 들은 사람들 100명 중에 또 1명이 찾아왔고, 그 1명은 2명이 되고 10명이 되고 100명이 되고 1,000명이 되었다.

갭이어를 통해 자신의 길을 찾아가는 사람들을 볼 때면 그 무엇과도 바꿀 수 없는 행복을 느낀다. 갭이어를 보낸 사람들은 내게 메시지를 보내는 경우가 많다. 그들은 하나같이 각자의 인생에서 멋진 기억, 특별한 경험, 좋은 생각을 할 수 있는 기회였다고 고백한다.

"갭이어를 통해 내 삶이 완전히 변했다고 거창하게 말할 수는 없다. 하지만 삶에 대한 내 태도와 시각은 더 구체적이고 긍정적으로 변했고, 단조롭던 내 인생에 더 많은 색깔이 입혀졌다. 아직은 한국으로 돌아가 어떤 일을 하게 될지 여전히 모호하지만, 어떤 일이든 의미 있고 가치 있는 일들을 하면서 살아가고 싶다."

"파리에 있던 시간은 내 인생에서 너무나 특별한 경험이었고 가장 행복한 순간이었다. 한동안 잊고 지냈던 미술에 대한 열망을 되찾았고, 예술적으로 좋은 영감을 많이 받게 된 것 같다. 그리고 이곳에서 만난 사람들, 그들과 나눈 이야기들, 함께 본 모든 풍경이 소중한 추억이 되었다."

"그동안 나를 가두고 있었던 건 그 누구도 아닌 바로 나라는 걸 깨닫게 되었다. 늦었다는 생각은 하지 않는다. 이번 프로젝트를 시작하면서 나의 기본 베이스는 '허용'이었다. 모든 걸 받아들이자! 물론 가끔씩 어색한 나, 경직된 나를 만나기도 했지만, 그 모든 경험을 통해 확장되어가는 나를 느꼈다."

"수많은 사람들을 만나며 수많은 가치관들을 접하고 나 또한 어떤 가치관을 가진 사람인지도 생각해보면서 한 뼘 더 발전할 수 있었다. 2달의 갭이어를 보내면서 좀 더 성숙해질 수 있었다."

마지막으로, 갭이어는 인생의 새로운 맛을 경험하게 해주는 값진 시간이라고 말하고 싶다. 이와 관련해 페루의 음식 이야기를 하려고 한다. 나는 페루에서 맛본 음식 한 가지를 잊을 수 없다. 원래는 멕시코 음식인데 페루에 전해져 더 유명해진 '세비체'라는 음식이다. 그전에 먹어본 적은 없지만 페루를 대표하는 음식이라고 해서 주문했다. 메뉴판에는 애피타이저 음식이라고 나와 있었다. 드디어 세비체가 나왔는데, '레몬 회 무침'라고 부르는 게 어떨까 싶을 정도로 외형만 보면 그냥 흰 살 생선회에다가 채 썬 양파와 레몬 소스, 조미료만 썰렁하게 얹혀 있었다. 유명한 음식 치고는 별다른 게 없어 보였다. 기대를 접고 한입을 먹었다.

'어라? 이게 뭐지?'

나는 또 한입을 먹었다. 그렇게 먹다보니 어느새 접시는 깨끗하게 비워져 있었다. 와우, 한 마디로 세비체는 끝내주게 맛있었다. 보기와 다르게 식욕이 엄청 돌게 하는 음식이었다. 여행지에서 새로운 음식을 먹는 것만큼 즐거운 도전도 없는 것 같다는 생각이 절로 들었다.

입맛을 돋워주는 세비체처럼 갭이어 역시 인생의 참맛을 일깨워주는 놀라운 시간이다. 그러니 너무 두려워하지 말고 용기를 내어 당신 자신만을 위한 시간, 갭이어의 시간을 꼭 가져보길 권한다.

오직 당신만의 갭이어를 즐겨라! 그러면 자신이 존재하는 이유를 찾을 수 있을 것이다. 우리는 언제 어디서든 당신의 갭이어를 열렬히 응원할 것이다!

여행은
최고의
공부다

초판 1쇄 발행 2016년 12월 9일
초판 7쇄 발행 2019년 3월 27일

지은이 | 안시준
본문구성 | 스토리베리

펴낸곳 | ㈜가나문화콘텐츠
펴낸이 | 김남전
기획 · 책임편집 | 이정순
교정교열 | 김계옥
디자인 | 정란
마케팅 | 정상원 한웅 정용민 김건우
경영관리 | 임종열 김하은
콘텐츠 연구소 | 유다형 이정순 박혜연 정란

출판 등록 | 2002년 2월 15일 제10-2308호
주소 | 경기도 고양시 덕양구 호원길 3-2
전화 | 02-717-5494(편집부) 02-332-7755(관리부)
팩스 | 02-324-9944
홈페이지 | www.ganapub.com
포스트 | post.naver.com/ganapub1
페이스북 | facebook.com/ganapub1
인스타그램 | instagram.com/ganapub1

ISBN 978-89-5736-885-5 03320

* 이 도서의 국립중앙도서관 출판시도서목록(CIP)은 서지정보유통지원시스템 홈페이지
(http://seoji.nl.go.kr)와 국가자료공동목록시스템(http://www.nl.go.kr/kolisnet)에서
이용하실 수 있습니다.(CIP제어번호: CIP2016028544)

가나출판사는 당신의 소중한 투고 원고를 기다립니다. 책 출간에 대한 기획이나 원고가 있으신 분은
이메일 ganapub@naver.com으로 보내주세요.